JN318446

自立活動の指導

新しい障害児教育への取り組み

香川邦生・藤田和弘　編

教育出版

編者・執筆者一覧

■編　者
香川　邦生　健康科学大学教授
藤田　和弘　九州保健福祉大学教授

■執筆者（五十音順。（　）内は執筆箇所）
有澤　直人　東京都江戸川区立下鎌田小学校教諭（5章-7-(3)）
安部　博志　筑波大学附属大塚養護学校教諭（5章-3-(2)-1)）
石川　雅章　埼玉県立大宮北養護学校教諭（5章-3-(2)-2)）
猪平　眞理　宮城教育大学教授（7章-2）
大内　　進　国立特殊教育総合研究所企画部総括主任研究官（5章-1-(2)-2)）
太田　裕子　東京都教育庁指導部義務教育心身障害教育指導課総括指導主事（4章-4）
香川　邦生　健康科学大学教授（1章、3章、6章-2）
角田　哲哉　千葉県立四街道養護学校教諭（5章-5-(2)-2)）
木塚　泰弘　静岡文化芸術大学教授（2章-3、4、5）
佐島　　毅　筑波大学助教授（6章-3-(2)）
宍戸　和成　文学科学省初等中等教育局視学官（5章-2-(1)、6-(1)）
篠原　吉徳　筑波大学教授（4章-1、2）
鈴木　　篤　前文部科学省初等中等教育局視学官（5章-1-(1)、7章-1）
髙井　敏雄　福岡市立福岡中央養護学校教頭（5章-4-(2)-2)）
宝田　経志　群馬県立聾学校教諭（5章-2-(2)-1)）
武田　鉄郎　国立特殊教育総合研究所病弱教育研究部病弱教育研究室主任研究官（5章-5-(2)-1)）
中村　勝則　東京都墨田区立言問小学校教諭（5章-6-(2)）
藤田　和弘　九州保健福祉大学教授（4章-3、6章-1）
古川　勝也　文部科学省初等中等教育局特殊教育課教科調査官（5章-4-(1)、6章-3-(1)）
松原　太洋　福岡県立福岡聾学校教諭（5章-2-(2)-2)）
宮﨑　　昭　筑波大学附属桐が丘養護学校教諭（5章-4-(2)-1)）
牟田口　辰己　広島大学助教授（5章-1-(2)-1)）
横田　雅史　愛知みずほ大学教授（2章-1、2、5章-5-(1)）
吉田　昌義　東京都立江戸川養護学校校長（5章-3-(1)、7-(1)、(2)）

まえがき

　ご承知の通り，平成11年3月に，「盲学校，聾学校及び養護学校幼稚部教育要領」，「盲学校，聾学校及び養護学校小学部・中学部学習指導要領」，「盲学校，聾学校及び養護学校高等部学習指導要領」が告示された。その中で特に，特殊教育諸学校における指導の中心的課題というべき「養護・訓練」の領域が，「自立活動」へと名称変更するとともに，この領域の学習活動は，個々の幼児児童生徒が自立を目指し，障害に基づく種々の困難を主体的に改善・克服していくための取り組みである点が明確にされた。また内容も，障害を改善・克服し，発達をよりよく促す側面と，分かりやすい表現に努めるという側面から見直され，充実が図られた。さらに，この領域の指導は，個別の指導計画を作成して取り組むことも明記されている。

　「養護・訓練」領域の指導は，現場教育の中ですでに25年以上の実績があり，その中で多くの具体的指導内容や方法が開発されて発展してきたが，今回の学習指導要領の改訂による「自立活動」の新風により，21世紀に向けて，これまでの実践や研究が見直され，この領域のさらなる充実・発展が期待されている。

　そこで，今回の学習指導要領の改訂による「自立活動」への名称変更や目標・内容等の改訂の趣旨を，現場で直接この教育に携わっていらっしゃる先生方に適切に理解していただき，この教育のさらなる充実・発展を図ることを意図して，『自立活動の指導』の出版を企画した次第である。

　教育現場で長く「養護・訓練」の指導に携わってこられた先生方はもとより，初めて「自立活動」の指導に携わる先生方にも十分理解していただける内容にするため，この教育の理論や実践の第一線で活躍していらっしゃる先生方にご執筆いただき，「自立活動」の理念と実践的指導のポイントを，平易な文章で分かりやすく解説することに努めた。障害のある幼児児童生徒の生きる力を育むための自立活動の実践に，本書が少しでもお役に立てれば幸いである。

　なお，本書は，教育出版の中島潮氏及び阪口建吾氏のご厚意により，編集・出版される運びとなった点を付け加えて，感謝の意を表したい。

　　平成12年10月

　　　　　　　　　　　　　　　　　　　　　　　　　編者　香川邦生
　　　　　　　　　　　　　　　　　　　　　　　　　　　　藤田和弘

目　　次

まえがき

第1章 ❖ 「養護・訓練」から「自立活動」へ ——————————————— 1

1　21世紀を展望した学習指導要領の改訂　1
　(1)　社会情勢の変化と障害児教育　1
　(2)　学習指導要領改訂の経緯　3
　(3)　学習指導要領の主な改正点　5
　　1)　幼・小・中・高に準じた改訂　6
　　2)　一人一人の障害の状態等へのきめ細かな対応　7

2　「養護・訓練」から「自立活動」への名称変更　8
　(1)　名称変更の背景　8
　(2)　自立活動の本質と性格　9

3　領域の歴史的経緯　10
　(1)　「養護・訓練」領域の設定　10
　(2)　「養護・訓練」領域の内容の構成　11
　(3)　幼稚部の養護・訓練　12

第2章 ❖ 障害児教育と「自立活動」——————————————— 13

1　教育目標と「自立活動」　13
　(1)　学校の設置目的と「自立活動」　13
　(2)　教育目標と「自立活動」　14
　(3)　「自立活動」の目標・内容　14
　　1)　自立活動の目標〜幼稚部から高等部まで一貫した方針〜　14
　　2)　自立活動の内容の示し方〜障害種別を超えて〜　15

2 教育課程における「自立活動」の位置づけ　16
  (1) 学校の教育活動全体を通して行う指導　16
  (2) 「自立活動」の時間における指導　17
  (3) 重複障害者の自立活動　19

3 障害者の社会参加と「自立活動」　20
  (1) 「障害」は個人的要因と環境要因との相互作用に規定される相対概念　20
  (2) WHO の国際障害分類の改訂動向　21
  (3) ノーマライゼーションにおける自立と支援との関係　23
  (4) 自立と社会参加を促す「自立活動」　24
    1) 「目標」における「障害」と「改善・克服」の意味　24
    2) 社会参加を促す環境の改善　25
    3) 社会生活力とエンパワーメント　26

4 「自立活動」と自立の概念規定　27
  (1) 職業自立と社会自立　27
  (2) 「自立生活」と重度・重複障害のある人の自立　28
  (3) 尊厳ある個人のその人らしい自立と「生きる力」　30

5 主体性をはぐくむ指導方法の工夫　32
  (1) 発達を促す個人と環境との相互作用　32
  (2) 主体的な学習活動を行う子どもと教師とのかかわり合い　33

第3章 ❖ 自立活動の内容 ── 36

1 学習指導要領に規定されている内容のとらえ方　36
  (1) 自立活動の内容の構成　36
  (2) 学校種別や学部を超えた共通の内容　37
  (3) それぞれの内容が意味するもの　38
    1) 健康の保持　38
    2) 心理的な安定　39
    3) 環境の把握　39
    4) 身体の動き　40

　　　　5)　コミュニケーション　40
　　(4)　自立活動の内容の示し方と教科の内容の示し方との違い　41
2　具体的な指導内容の設定と留意点　43
　　(1)　学習指導要領に示されている内容と具体的な指導内容との関係　43
　　(2)　教師と児童生徒が共に納得のゆく具体的な指導内容　44
　　(3)　自立活動の具体的な指導内容と学校の全教育活動との関係　45
　　(4)　自立活動の内容の多面性　46

第4章❖個別の指導計画の作成 ─────────48

1　個別の指導計画作成の意義　48
　　(1)　個別の指導計画とは　48
　　(2)　教育課程と個別の指導計画との関係　49
　　(3)　個別の指導計画に含まれる要素　50
　　(4)　個別の指導計画と保護者のコンセンサス　51
2　個別の指導計画作成の手順　52
　　(1)　実態把握　52
　　(2)　目標の設定　53
　　(3)　柔軟な個別の指導計画の必要性　54
　　(4)　個別の指導計画の配慮事項　55
3　児童生徒の実態把握　56
　　(1)　実態把握の基本的視点　56
　　　　1)　多面的総合的視点　57
　　　　2)　横断的視点と縦断的視点　57
　　　　3)　全人的発達の視点　58
　　　　4)　発達レベルの把握と個人内差異の視点　58
　　　　5)　発達の量的及び質的視点　59
　　　　6)　肯定的視点　59
　　(2)　実態把握の範囲と内容　60
　　(3)　実態把握の方法　60
　　　　1)　観察法　61

2）検査法　62
　　　3）面接法　63
　　(4) 指導と実態把握の関係　64
　　(5) 専門家との連携　64

4　個別の指導計画の具体例　65
　　(1) 実践しながら作り上げていく個別の指導計画　65
　　(2) 課題を明確にした個別の指導計画　65
　　(3) 保護者との連携を具体的に示した個別の指導計画　67
　　(4) 通級による指導における個別の指導計画　71

第5章❖指導計画の作成と展開────72

1　視覚障害児に対する指導　72
　　(1) 基本的な視点　72
　　　1）現状と問題点　72
　　　2）指導計画作成上の配慮　73
　　　3）自立活動における主な指導内容　76
　　　4）指導時間と指導形態　77
　　　5）指導上の配慮事項　78
　　　6）指導の評価　79
　　(2) 指導計画の作成と展開例　79
　　　1）校内の歩行と空間の理解　79
　　　2）弱視レンズの活用　83

2　聴覚障害児に対する指導　88
　　(1) 基本的な視点　88
　　　1）現状の問題点　88
　　　2）指導計画作成上の配慮　90
　　　3）主要な指導内容　91
　　　4）指導時間と指導形態　93
　　　5）指導方法の配慮　94
　　(2) 指導計画の作成と展開例　95
　　　1）発音指導　95

            2) 話し言葉から書き言葉へ　99

    3　知的障害児に対する指導　104
        (1) 基本的な視点　104
            1) 知的障害教育における自立活動の特色　104
            2) 指導計画の作成と実際　105
            3) 他の障害を重複する場合　106
            4) 個別の指導計画の作成　106
            5) 領域・教科を合わせた指導と自立活動　107
        (2) 指導計画の作成と展開例　107
            1) 自閉を併せ有する児童の指導　107
            2) まひを併せ有する児童生徒の指導　111

    4　肢体不自由児に対する指導　115
        (1) 基本的な視点　115
            1) 現状の問題点　115
            2) 指導計画作成上の配慮　117
            3) 主要な指導内容　119
            4) 指導時間と指導形態　120
            5) 指導方法と配慮　122
        (2) 指導計画の作成と展開例　122
            1) 身体の動きを中心とした指導　122
            2) コミュニケーションを中心とした指導　126

    5　病弱・身体虚弱児に対する指導　130
        (1) 基本的な視点　130
            1) 病弱教育の現状　130
            2) 自立活動の指導上の課題　131
            3) 個別の指導計画作成上の手順と配慮　132
            4) 主要な指導内容　133
            5) 指導時間と指導形態　134
            6) 指導方法と配慮　134
        (2) 指導計画の作成と展開例　135
            1) 病気の多様化への対応と個別の指導計画　135
            2) 慢性疾患児の自己管理を支援する実践的な活動　140

6　言語障害児に対する指導　144
　(1)　基本的な視点　144
　　1)　言語障害のとらえ方　144
　　2)　言語障害教育の現状　146
　　3)　指導計画作成上の配慮　147
　　4)　主要な指導内容　148
　　5)　指導時間と指導形態　148
　　6)　指導方法の配慮　149
　(2)　指導計画の作成と展開例——「構音障害児童の指導」　150
　　1)　基本的な考え方　150
　　2)　事例「口蓋化構音障害児6年A男」に対する指導の展開　150

7　情緒及び行動の障害　154
　(1)　基本的な視点　154
　　1)　多様な実態　154
　　2)　情緒障害児の指導計画の作成　155
　(2)　自閉症　156
　　1)　自閉症の定義と行動　156
　　2)　自閉症児の指導計画の作成　156
　　3)　言語面の指導　157
　(3)　指導計画の作成と展開例——「自閉の児童の指導」　158
　　1)　基本的な考え方　158
　　2)　児童の実態把握　158
　　3)　指導目標の設定　159
　　4)　指導内容の構成　159
　　5)　個別の指導計画例　160
　　6)　指導上の留意点　162
　　7)　評価の観点　163

第6章❖重複障害児に対する指導計画と配慮　165

1　重複障害児の実態把握　165
　(1)　指導計画作成上から見た重複障害の意味　165
　(2)　実態把握の手順と方法　166

    1) 実施上の留意点　166
    2) 「健康の保持」に関する実態把握　167
    3) 「心理的な安定」に関する実態把握　168
    4) 「環境の把握」に関する実態把握　169
    5) 「身体の動き」に関する実態把握　169
    6) 「コミュニケーション」に関する実態把握　170

 2　教育課程の類型と指導計画の作成　170
  (1) 重複障害者等に対する教育課程の特例規定　170
    1) 学校教育法施行規則に定められている重複障害者等の特例規定の概要　171
    2) 学習指導要領に定められている重複障害者等の特例規定の概要　172
  (2) 重複障害者に対する教育課程の類型　173
  (3) 重複障害者に対する教育課程や指導計画の特色　174
  (4) 重複障害者に対する指導計画作成の手順　175
    1) 実態の把握　176
    2) 重点目標の設定　176
    3) 重点目標等に基づく指導内容の選定　177
    4) 指導の枠組みの設定　177
    5) 指導形態の検討　178
    6) 1週間の指導時程の検討　178
    7) 指導細案の検討　179
    8) 実践と評価　179

 3　「自立活動」を中心とした指導計画の作成と展開　180
  (1) 心理的な安定を中心とした指導　180
    1) 基本的な考え方　180
    2) 児童の実態把握　180
    3) 目標の設定　181
    4) 指導内容の構成　181
    5) 具体的指導計画例　183
    6) 指導上の留意点　184
    7) 評価の観点　184
  (2) 視覚障害と知的障害のある重複障害児の指導　185
    1) 視覚障害と知的障害のある重複障害児の理解　185

2) 自立活動を中心とした指導の考え方　186
　　3) 実態把握の進め方　188
　　4) 実態把握の総合所見と指導目標の設定　190
　　5) 個別の指導計画の作成と記録・評価　191

第7章 ❖ 幼稚部における指導計画作成と配慮 ―― 196

1　幼稚部における教育課程の特色　196
　(1) 幼稚部における教育の基本　196
　　1) 幼児期の特性　196
　　2) 環境を通して行う教育　197
　　3) 幼稚部における教育の基本に関連して重視する事項　197
　　4) 計画的な環境の構成　198
　　5) 教師の役割　198
　(2) 教育の目標　199
　(3) 各領域のねらい及び内容　199
　(4) 教育課程編成上の配慮　200

2　幼稚部における「自立活動」の指導　201
　(1) 領域の性格と目標・内容　201
　(2) 指導計画の作成と指導における配慮　202
　　1) 実態の把握に努める　203
　　2) 家庭との連携・協力体制をつくる　203
　　3) 幼児の心理的ケアを大切にする　204
　　4) 指導計画は柔軟性のあるものにする　204
　(3) 具体的指導計画の例　205

索　引 ―― 208

第1章 ❖「養護・訓練」から「自立活動」へ

Chapter 1

1　21世紀を展望した学習指導要領の改訂

(1) 社会情勢の変化と障害児教育

　近年，我が国の社会情勢は，大きな変化を見せている。少子高齢化，情報化，国際化が急速に進展する中，活力のある21世紀を創造していくために，明治維新や第二次世界大戦後の教育改革に次ぐ第三の教育改革の必要性が叫ばれ，様々な観点から教育改革が行われようとしているのは，周知のとおりである。
　一方，障害児(者)を取り巻く社会情勢の変化にも，近年目覚ましいものが感じられる。とくに，「完全参加と平等」をキャッチフレーズとした1981年の国際障害者年以降，障害者をめぐる諸問題が社会の大きな関心事となり，「障害者を特別視するのではなく，一般社会の中で普通の生活を送ることができる条件を整えるべきであり，共に生きる社会こそノーマルな社会である」というノーマライゼーション（normalization）の思潮が広がりを見せてきている。ノーマライゼーションという崇高な理念のもとに，これを実現するための具体的方策として，バリアフリー（barrier free）というキャッチフレーズがしばしば用いられるようになってきた。バリアフリーは，もともと障害者や高齢者が

安心して活動することのできる環境条件の整備など物理的障壁の除去という意味合いの強い言葉であるが，ノーマライゼーションを実現するためには，物理的障壁のみならず，制度的障壁，文化・情報の障壁，意識上の障壁という四つの障壁をどのようにして除去していくかが大きな課題となる。バリアフリーは，これら四つの障壁の除去という意味合いをもつ言葉としても受け取ることができよう。近年においては，これらの障壁を取り除く地道な活動が政府レベルや地方自治体レベル，さらには，民間レベルと様々な形で行われるようになってきているが，物理的な障壁にしろ制度的な障壁や文化・情報の障壁にしろ，それを取り除くのは社会の人々の努力に待つところが大きい。したがって，障害者に対する社会の人々の偏見や差別的なまなざしといった意識上の障壁を，どのように改善していくかが最も大きな課題といえる。

今回（平成10～11年）の小学校，中学校，高等学校の学習指導要領の改訂においては，盲・聾・養護学校の児童生徒との交流の機会を積極的に設けることが大切であるという趣旨の規定が設けられた。これまで障害児教育の側からのアプローチが中心であった交流教育は，今後，双方からの目的意識をもった取り組みとして実践されることになる。障害のある児童生徒と障害のない児童生徒との様々な交流は，意識上の障壁を取り除くうえで，重要な役割を果たすものであり，息の長いこれからの実践に期待したい。

また，共に生きる社会実現のためには，扶助，互助，自助という「三つの助」が大切だといわれる。扶助は言うまでもなく，障害者の様々な不自由な状態や活動の制約を，社会全体で支えることを意味し，当然この中には，経済的な公的支援策も含まれる。また互助は，「障害者は助けられる人」，「障害のない者は助ける人」という一方通行の図式ではなく，お互いに助けたり助けられたりする関係を構築するという意味である。従来は，一方通行の図式が当たり前という認識が一般的であった感が強いが，共に生きる社会実現のためには，一方通行の認識を廃して，お互いに助けたり助けられたりする存在としての認識を構築していかねばならない。幸いなことに，近年，互助の輪は，緩やかではあるが確実に広がりを見せている。1998年3月に長野で開催されたパラリンピックは，多くの人々の心を揺さぶり大きな感動を与えるとともに，障害者スポーツのおもしろさを認識させた。マスメディアを通して報道された感動的な場面に，生きる勇気を得た人も多いのではあるまいか。これはまさに互助の

世界である。こうした障害者の生き方等に勇気づけられたり，人生を学んだりする機会は，様々な場面に広がりを見せているのである。

　もう一つは，自助である。障害者自らの努力によって，自己の機能障害（impairment）が引き起こす日常生活上や学習上の様々な活動の制約を改善するための取り組みを意味する。換言すれば，エンパワーメント（empowerment）の視点からの取り組みといえる。エンパワーメントという言葉は，アメリカの公民権運動等の社会改革活動に端を発しているといわれるが，現在では，保健医療福祉分野，発展途上国の支援分野，性差別改善分野，教育・心理学分野等でかなり広く用いられるようになってきている。それぞれの分野で，この言葉の使われ方は必ずしも一様でないが，福祉や教育の分野では，障害者や高齢者が自らの力を付ける，その力を獲得するプロセスをも含んだ概念として用いられる場合が多い。援助の依頼においても，自己の主体性を発揮して，最も望ましい援助方法を選択することのできる力の獲得をも含んだ概念としてとらえることができる。また，エンパワーメントは，障害幼児児童生徒の生きる力の育成と，同心円上に存在するものであり，生きる力の育成とエンパワーメントの視点からの取り組みとは，重なり合う部分が大きいと考えることができる。さらに，エンパワーメントや生きる力の育成は，障害者のQOL（Quality of Life＝生活・人生の質）を高めるために，貢献できるものでなければならない。

　21世紀の障害児教育は，共に生きる社会実現のために学校教育が担うべき役割を十分に自覚し，「自立活動」を中核として，障害幼児児童生徒のエンパワーメントをどのようにして高めていくかという視点からのアプローチが大切であるといえる。

(2) 学習指導要領改訂の経緯

　盲・聾・養護学校の新しい学習指導要領は，平成11年3月29日に告示された。今回の改訂は，21世紀を目前に控え，我が国の社会が，国際化，情報化，科学技術の発展，環境問題への関心の高まり，高齢化，少子化等の様々な面で大きく変化しており，これらの変化を踏まえた新しい時代の教育の在り方が問われているなかで行われたものである。

また，盲，聾，養護学校における教育についても，前述したように，障害者を取り巻く社会情勢に大きな変化の兆しがうかがわれ，こうした状況に対応することを目指して，学習指導要領の改訂が行われた。以下においては，改訂の経緯を概観する。

　平成8年7月の中央教育審議会の第一次答申においては，これからの学校教育の在り方として，「ゆとり」のなかで自ら学び自ら考える力などの「生きる力」の育成を基本とし，教育内容の厳選と基礎，基本の徹底を図ること，一人一人の個性を生かすための教育を推進すること，横断的，総合的な指導を推進するため「総合的な学習の時間」を設けること，完全学校週5日制を導入することなどが提言された。また，障害者に配慮した教育について，交流教育，早期教育相談体制，高等部の職業教育などの充実についても提言された。この答申を受け，平成8年8月に文部大臣から教育課程審議会に対し「幼稚園，小学校，中学校，高等学校，盲学校，聾学校及び養護学校の教育課程の基準の改善について」諮問がなされたのである。

　とくに，今回の教育課程審議会においては，盲学校，聾学校及び養護学校の教育課程と，幼稚園，小学校，中学校，及び高等学校の教育課程が，初めて同時諮問・同時審議・同時答申という形で進められた。こうした進行は，単に形式上の問題に留まらず，小学校，中学校等，通常の教育に関する議論の中で，障害のある児童生徒等の教育についても検討され，その結果，小学校，中学校等の学習指導要領において，交流教育や特殊学級，通級による指導についての位置づけがなされるなど，大きな意義があったのである。

　教育課程審議会においては，中央教育審議会の第一次答申をはじめ，数次にわたる答申に留意しつつ，約2年間にわたり審議が行われたが，特殊教育については，特殊教育の改善・充実に関する調査研究協力者会議の第一次報告（平成9年1月）及び第二次報告（平成9年9月）を踏まえて検討が行われ，平成10年7月に答申がなされた。この答申は，完全学校週5日制の下，「ゆとり」の中で「特色ある教育」を展開し，幼児児童生徒に「生きる力」を育成することを基本的なねらいとし，小・中・高等学校及び盲・聾・養護学校を通して，次の方針に基づき教育課程の基準を改善することが提言された。

① 豊かな人間性や社会性，国際社会に生きる日本人としての自覚を育成すること。

②　自ら学び，自ら考える力を育成すること。
③　ゆとりのある教育活動を展開する中で，基礎・基本の確実な定着を図り，個性を生かす教育を充実すること。
④　各学校が創意工夫を生かし特色ある教育，特色ある学校づくりを進めること。

　また，盲・聾・養護学校については，これらに加え，障害者を取り巻く諸状況の変化や幼児児童生徒の障害の重度・重複化等に対応するため，盲・聾・養護学校の現状，これまでの教育課程実施の経験等を考慮し，障害のある幼児児童生徒が自己のもつ能力や可能性を最大限に伸ばし，自立し社会参加するための基盤となる「生きる力」を培うことを基本的なねらいとして，障害に基づく種々の困難を改善・克服する教育活動を一層重視し，①幼稚園，小学校，中学校，及び高等学校に準じた改善を図ること，②障害の重度・重複化，多様化への対応を図ること，③早期からの適切な教育的対応を図ること，④職業的な自立の推進を図ること，⑤軽度の障害のある児童生徒への適切な対応を図ることという，五つの視点から教育課程を改善することが提言されるとともに，これらのねらいに基づき，教育課程の編成，各教科等の内容等の改善方針が示された。

　この答申を踏まえ，平成 10 年 12 月 14 日に幼稚園，小学校及び中学校の学習指導要領等が改訂され，平成 11 年 3 月 29 日には高等学校，盲学校，聾学校及び養護学校の学習指導要領等が改訂されたのである。

　新しい盲・聾・養護学校の学習指導要領等は，幼稚部については，平成 12 年度から，小学部と中学部については平成 14 年度から全面実施され，高等部については平成 15 年度から学年進行により段階的に実施される。

(3)　学習指導要領の主な改正点

　盲学校，聾学校及び養護学校の学習指導要領等は，平成 14 年度から実施される完全学校週 5 日制の下で，各学校がゆとりの中で特色ある教育を展開し，幼児児童生徒が豊かな人間性や基礎・基本を身に付け，個性を生かし，自ら学び自ら考える「生きる力」を培うことを基本的なねらいとして，次の方針に基づき改訂されたものである。

1）幼・小・中・高に準じた改訂

　次に示す①から④の基本方針に基づき，幼稚園，小学校，中学校及び高等学校の教育課程の基準の改善に準じた改訂が行われた。

① 豊かな人間性や社会性，国際社会に生きる日本人としての自覚を育成すること。幼児児童生徒を取り巻く環境の変化，社会体験や自然体験の減少などの状況を考慮し，幼児児童生徒の人間として調和のとれた育成を一層重視する必要がある。また，国際化の進展に伴い，国際社会の中で，日本人としての自覚をもち，主体的に生きていくうえで必要な資質や能力の基礎を培うことも大切である。こうした観点から，例えば，ボランティア活動や自然体験活動などの体験的な活動の充実，歴史学習の改善や中学部における外国語の必修化が図られた。

② 自ら学び，自ら考える力を育成すること。これからの学校教育においては，多くの知識を教え込むことになりがちであった従来の教育手法を転換し，児童生徒に自ら学び自ら考える力を育成することを重視した教育を行うことが必要である。このような観点から，各教科及び「総合的な学習の時間」において，体験的な学習や問題解決的な学習の充実が図られた。

③ ゆとりのある教育活動を展開する中で，基礎・基本の確実な定着を図り，個性を生かす教育を充実すること。完全学校週5日制を円滑に実施し，生涯学習の考え方を進めていくため，時間的にも精神的にもゆとりのある教育活動が展開される中で，児童生徒が基礎・基本を確実に学習できるようにするとともに，興味・関心等に応じた学習に主体的に取り組むことができるようにする必要がある。このような観点から，各教科の教育内容を授業時数の縮減以上に厳選し，基礎的・基本的な内容に絞ること，中学部において，選択教科の拡充を図ること，また，高等部において，卒業に必要な修得総単位数を80単位以上から74単位以上と改めるなどの改善が図られた。

④ 各学校が創意工夫を生かし特色ある教育，特色ある学校づくりを進めること。児童生徒一人一人の個性を生かす教育を行うためには，各学校が児童生徒や地域の実態等を十分踏まえ，創意工夫を存分に生かした特色ある教育活動を展開することが大切である。このような観点から，「総合的な学習の時間」を創設し，各学校が創意工夫を生かした教育活動を展開できるようにす

るとともに，各学校が創意工夫を生かして時間割を編成することができるように，授業の１単位時間や授業数の運用の弾力化を図ったり，高等部において，各学校が教科・科目の名称，目標，内容，単位数等を定める学校設定教科・科目（知的障害者を教育する養護学校にあっては，学校設定教科）を設けることができるなどの改善が図られた。

2) 一人一人の障害の状態等へのきめ細かな対応

近年，時代の進展とともに，盲・聾・養護学校を取り巻く諸状況は大きく変化してきている。例えば，国際化や情報化等社会の各分野の急速な変化をはじめとして，障害の重度・重複化の傾向の拡大，早期からの教育的対応に対するニーズの高まり，卒業後の進路の多様化，交流教育の推進等が挙げられる。

このような状況の変化に適切に対応し，障害のある幼児児童生徒が自己のもつ能力や可能性を最大限に伸ばし，自立し社会参加するための基盤となる［生きる力］を培うためには，一人一人の障害の状態等に応じたきめ細かな指導を一層充実することが必要である。このため，以下の①から③の観点から，改善が図られた。

① 障害の重度・重複化への対応を図る。障害の状態を改善・克服するための指導領域である「養護・訓練」については，自立を目指した主体的な活動を一層推進する観点から，目標にその趣旨を明記し，内容についても，コミュニケーションや運動・動作の基本的技能に関する指導等が充実されるよう改善するとともに，その名称を「自立活動」に変更している。また，障害の状態等に応じた個別の指導計画の作成について規定している。

また，高等部の訪問教育にかかわる規定も整備された。

② 早期からの適切な教育的対応を図る。幼稚部において，3歳未満の乳幼児を含む教育相談に関する事項を新たに規定するとともに，小・中・高等部において，特殊教育に関する相談のセンター的役割を果たすことについても新たに規定している。

③ 職業的な自立の推進を図る。知的障害者を教育する養護学校において，職業教育を充実する観点などから，高等部に「情報」及び「流通・サービス」を，また，社会の変化等に対応するため，中学部及び高等部に「外国語」をそれぞれ選択教科として新設している。また，盲学校や聾学校の専門教科・

科目については，学校が特色ある教育課程を編成できるように科目構成を大綱化するとともに，内容の範囲等を明確に示している。
④　交流教育については，その意義を一層明確に規定している。なお，幼・小・中・高等学校の学習指導要領等においては，盲・聾・養護学校などとの連携や交流について新たに規定している。

2　「養護・訓練」から「自立活動」への名称変更

(1)　名称変更の背景

　従前の「養護・訓練」領域は，昭和46年から特殊教育諸学校の教育課程に学部進行で位置づけられ，長年の実践を通して多くの成果を上げてきた。しかしながら，その領域の名称から，「保護する・養い守る」，「繰り返し教え仕込む」という状態を連想させ，児童生徒の積極的な活動というニュアンスが感じられないきらいがあった。教師間にこうした誤解は少ないものの，今後における障害児の教育は，家庭や地域社会との連携のもとに行われることがますます必要となってきているが，こうした連携を図る際，「養護・訓練」という名称は，一般社会の人々に誤解をまねく可能性が大きいことから，児童生徒の積極的な活動であることを明確にするとともに，領域の目指すところが自立にある点を表す名称が求められた。
　また，障害のある幼児児童生徒の生きる力を培うためには，教師主導の従来型の指導ではなく，思考力や判断力，創造力や表現力，問題解決能力等を重視した新しい学力観に基づく指導が，この領域においても当然求められるわけであるが，こうした力を培うためには，幼児児童生徒の主体的な学習活動への取り組みの姿勢が大切である。
　「自立活動」は，児童生徒の積極的な活動を通して自立を目指すという意味とともに，障害による様々な活動の制約を改善して，自立を目指すという意味合いも有する領域名であり，この領域の性格を表す名称として，ふさわしいもの

といえよう。

(2) 自立活動の本質と性格

　特殊教育諸学校の教育目標は，小学校，中学校，高等学校とまったく同じ教育目標と，「障害に基づく種々の困難を改善・克服する」という独自の教育目標とが学習指導要領に規定されている。この独自の教育目標の実現を目指して設定されている領域が，従前は「養護・訓練」であったが，今回（平成11年）の学習指導要領の改訂で，「自立活動」と名称が変更されたわけである。したがって，名称が変更されても，教育目標との関連において，領域の本質が変わったわけではない点に留意する必要がある。

　ところで，自立活動領域の目標は，「個々の児童又は生徒が自立を目指し，障害に基づく種々の困難を主体的に改善・克服する」ところにある点が，学習指導要領に明記されており，児童生徒の主体的な学習活動であることが強調されている。従前の「養護・訓練」領域においても，児童生徒の主体的な学習活動を尊重しながら指導がなされてきたわけであるが，今後は一層この点に力が注がれなければならない。障害の改善・克服に関する指導は，従前から，個別的な指導が大切であるとされてきた。個別的な指導は，必ずしもマンツーマンの指導を意味するものではないが，従来から一対一の指導体制を整える努力を行ってきた向きがうかがわれる。こうした指導体制は，きめ細かな指導を行ううえでは有効であるが，ともすると，教師主体の「教え込む指導」に陥りやすいという危険性をはらんでいる。児童生徒の主体的な学習活動を尊重するうえで，今後は，マンツーマン（man to man）の指導から，マンツー・エンバイロメント（man to environment）の指導へと移行していくことが望まれる。マンツー・エンバイロメントの指導とは，教師は，児童生徒が興味・関心をもって主体的に働きかけることのできる環境整備に主眼を置き，児童生徒が，その環境に働きかけて主体的に学び取るという手法を意味する。この場合，教師も環境の一部となって，児童生徒の働きかけに応答する環境をつくっていくことが望まれる。つまり，「教え込む指導」から「学び取る指導」への発想の転換が求められているのである。

3 領域の歴史的経緯

(1) 「養護・訓練」領域の設定

　盲・聾・養護学校における障害を改善・克服するための指導は，盲学校や聾学校あるいは養護学校が開設された草創期から，障害のある幼児児童生徒の教育の大切な指導内容として認識され，様々な取り組みが行われてきた。

　明治11年に京都に開校した盲啞院においても，初代院長の古川太四郎によって，今日における「養護・訓練」や「自立活動」領域の指導に類する指導内容や方法が考案され，実際の指導が行われている。こうした草創期の特殊教育から，営々と障害を改善・克服するための指導がなされてきたが，これらの指導は，ある側面に着目した単発的な指導や，教科等の指導の中での部分的な取り組みであることが多く，系統的・継続的な指導には至らないものが多かった。

　戦後の教育課程においては，昭和39年3月に告示された「盲学校学習指導要領小学部編」及び「聾学校学習指導要領小学部編」において，障害の改善・克服のための指導が一部位置づけられた。これらの学習指導要領において，盲学校においては，歩行訓練を「体育」に，感覚教育を「理科」に，聾学校においては，聴能訓練を「国語」と「律唱」に，言語指導を「国語」にそれぞれ位置づけており，こうした教科の中で指導が行われた。

　一方，養護学校においては，昭和38・39年の学習指導要領において，各教科等の中で，例えば，肢体不自由養護学校小学部の「体育・機能訓練」（中学部は「保健体育・機能訓練」），病弱養護学校小学部の「養護・体育」（中学部は「養護・保健体育」）等において行うこととされた。

　これらの指導も，教科の中で，部分的な指導を行うのが精一杯といった状況であったので，系統的・継続的な指導を行うための領域設定の必要性が，教師等の関係者によって要請されたのである。

　こうした要請を受けて，昭和45年10月にまとめられた教育課程審議会の答申では「心身に障害を有する児童生徒の教育において，その障害からくる種々

の困難を克服して，児童生徒の可能性を最大に伸ばし，社会によりよく適応していくための資質を養うためには，特別の訓練等の指導が極めて重要である。これらの訓練等の指導は，一人一人の児童生徒の障害の種類・程度や発達の状態等に応じて，学校の教育活動全体を通して配慮する必要があるが，さらになお，それぞれに必要とする内容を，個別的，計画的，かつ継続的に指導すべきものであるから，各教科，道徳及び特別活動とは別に，これを『養護・訓練』とし，時間を特設して指導する必要がある」と提言された。これを受けて，昭和46年の学習指導要領の改訂において新たに「養護・訓練」という領域が設定され，小学部については昭和46年度から，中学部については昭和47年度から，高等部については昭和48年度からと，学部進行によって領域の指導が実践に移されたのである。

(2) 「養護・訓練」領域の内容の構成

昭和46年に告示された学習指導要領において新たに設定された養護・訓練の内容は，学校種別ごとに特別に必要とされている内容を整理しながら検討が行われたが，同じ学校に在籍する児童生徒であっても，その障害の状態は極めて多様であること，主障害を対象とした対症療法的なものだけでなく，心身の機能を総合的に改善することが必要であることなどから，心身の発達の諸側面を分類・整理するという観点を加えて検討が行われた。その結果，「心身の適応」，「感覚機能の向上」，「運動機能の向上」及び「意思の伝達」の四つの柱のもとに12の項目にまとめられた。このような経緯をたどって，学習指導要領に示される養護・訓練の内容は，心身の発達に必要な諸側面の要素と，障害の状態の改善・克服に必要な諸側面の要素とを抽象レベルで抜き出して，カテゴリーごとに分類・整理するという方法で構成されることとなったのである。

昭和46年に告示された小学部・中学部の学習指導要領は，学校種別ごとに作成されたが，養護・訓練の目標と内容は共通に示され，指導計画の作成と内容の取り扱いについては，障害の状態に即応するため，学校種別ごとに独自に示された。

また，昭和54年改訂の学習指導要領においては，盲学校，聾学校及び養護学校共通の学習指導要領となったため，指導計画の作成と内容の取り扱いも共

通に示すという形態が取られた。

その後，平成元年の学習指導要領の改訂において，それまでの養護・訓練の内容の示し方が抽象的で分かりにくいという指摘があったことや，児童生徒の障害の多様化に対応する観点から，それまでの実施の経緯を踏まえ，具体的指導事項を設定する際の観点をより明確にするという方針で検討が行われた。その結果，それまでの四つの柱のもとに12の項目で示されていた内容は，「身体の健康」，「心理的適応」，「環境の認知」，「運動・動作」及び「意思の伝達」の五つの柱のもとに18の項目に改められたのである。

(3) 幼稚部の養護・訓練

幼稚部における養護・訓練は，平成元年の幼稚部教育要領の新たな告示に伴い，「幼児の心身の障害の状態を改善し，又は克服するために必要な態度や習慣などを育て，心身の調和的発達の基盤を培う」という観点から設定された。

幼稚部教育要領における養護・訓練のねらいは，幼稚部の生活全体を通して，幼児の障害の状態を改善し，又は克服するために期待される態度や習慣などを小学部の養護・訓練の内容の趣旨に準じて示したものであり，ねらいを達成させるために教師が指導し，幼児が身に付けることが期待される事項を16の項目に整理してまとめたものであった。

これらのねらいと内容は，いずれも幼児の障害の状態を改善し，又は克服するために必要な指導を念頭において示したものであり，幼児の多様な実態に対応できるように構成されたものであった。

（香川邦生）

◆参考文献
文部省：『盲学校，聾学校及び養護学校幼稚部教育要領』，大蔵省印刷局，1999年
文部省：『盲学校，聾学校及び養護学校小学部・中学部学習指導要領』，大蔵省印刷局，1999年
文部省：『盲学校，聾学校及び養護学校高等部学習指導要領』，大蔵省印刷局，1999年
文部省：『盲学校，聾学校及び養護学校学習指導要領解説　自立活動編』，海文堂出版，2000年
文部省：『盲学校，聾学校及び養護学校学習指導要領解説　総則等編』，海文堂出版，2000年
福屋靖子他編：『人間性回復のためのケアマネジメント』，メヂカルフレンド社，2000年
福祉士養成講座編集委員会編：『リハビリテーション論』，中央法規，1997年
教員養成セミナー：『盲・聾・養護学校の未来』，時事通信社，1999年
教育課程審議会：「幼稚園，小学校，中学校，高等学校，盲学校，聾学校及び養護学校の教育課程の基準の改善について」，1998年

第2章 ❖ 障害児教育と「自立活動」

Chapter 2

1 教育目標と「自立活動」

(1) 学校の設置目的と「自立活動」

　盲学校，聾学校及び養護学校の目的については，学校教育法第71条で，「盲学校，聾学校又は養護学校は，それぞれ盲者（強度の弱視者を含む。以下同じ），聾者（強度の難聴者を含む。以下同じ）又は知的障害者，肢体不自由者若しくは病弱者（身体虚弱者を含む。以下同じ）に対して，幼稚園，小学校，中学校又は高等学校に準ずる教育を施し，あわせてその欠陥を補うために，必要な知識技能を授けることを目的とする」と示されている。この前段は，盲学校，聾学校及び養護学校においては，幼稚園，小学校，中学校及び高等学校に準ずる教育を行うことを，後段は，これらの準ずる教育とあわせて幼児児童生徒の障害に基づく種々の困難を改善・克服するために必要な知識，技能を授けるための教育を行うことを示したものである。

　自立活動は，学校教育法第71条の後段をうけて，盲学校，聾学校及び養護学校の目的を達成するために特別に設けられた指導領域であり，障害のある幼児児童生徒の教育に当たっては，教育課程上重要な位置を占める領域であると

いえる。

(2) 教育目標と「自立活動」

　幼稚部教育要領の教育目標では「(2)　障害に基づく種々の困難を改善・克服するために必要な態度や習慣などを育て，心身の調和的発達の基盤を培うようにすること」と示されており，小学部・中学部及び高等部学習指導要領の教育目標においても，「3　（略）児童及び生徒の障害に基づく種々の困難を改善・克服するために必要な知識，技能，態度及び習慣を養うこと」と示されている。すなわち，盲学校，聾学校及び養護学校は，幼稚園，小学校，中学校又は高等学校に準じた教育を行うとともに，障害に基づく種々の困難を改善・克服するために必要な知識，技能，態度及び習慣を養うことを目的としている。したがって，盲学校，聾学校及び養護学校における教育については，幼稚園，小学校，中学校又は高等学校の教育目標と併せて，独自の目標が必要であり，それが特に重要な意義をもつものといえる。幼稚部教育要領の教育目標(2)，小学部・中学部の教育目標の第3項及び高等部の教育目標の第2項は，このような観点から定められたものであり，人間形成を図るうえで障害に基づく種々の困難を改善・克服するために必要な知識，技能，態度を養うことから，その習慣形成に至るまでを目指しているのである。

　今回（平成11年）の改訂では，児童生徒の実態に応じ，日常生活や学習場面において，児童生徒がその障害によって生ずるつまずきや困難を軽減しようとしたり，また，障害があることを受容したり，つまずきや困難の解消に努めたりすることを明らかにするため，従前の教育目標の「克服」を「改善・克服」と改めている。

(3) 「自立活動」の目標・内容

1) 自立活動の目標～幼稚部から高等部まで一貫した方針～

　これまで，幼稚部における養護・訓練のねらいや内容等については，幼稚部の他の領域と同様に具体的な活動を中心とした記述としており，小学部・中学

部及び高等部の学習指導要領の目標・内容とは異なった示し方をしてきた。

　障害のある幼児児童生徒の場合は，その障害が発見された後，できるだけ早い時期から適切な教育的対応を行うとともに，障害に基づく種々の困難の改善・克服のために，学校を卒業するまで一貫した教育を行うことが重要である。したがって，今回（平成11年）の改訂において，幼稚部教育要領における「自立活動」の目標・内容の示し方については，小学部・中学部及び高等部の学習指導要領と同じ示し方とすることによって，各学校が，幼稚部，小学部，中学部及び高等部を通して一貫した方針の下に指導できるようにしたわけである。

2）自立活動の内容の示し方～障害種別を超えて～

　自立活動の目標については，個々の幼児児童生徒が自立を目指し，障害に基づく種々の困難を主体的に改善・克服する教育活動であることが一層明確になるよう，「児童又は生徒」を「個々の児童又は生徒」に，「心身の障害の状態を改善し，又は克服する」を「自立を目指し，障害に基づく種々の困難を主体的に改善・克服する」と改めている。

　自立活動の内容は，この目標を達成するために指導する内容であるが，各教科とは趣を異にしている。各教科の内容は，生活年齢に即した一般的な発達段階を前提として，人類の文化的遺産である知識や技能の体系を，主として学年別に，系統的・段階的に配列したものということができる。これに対して，自立活動の内容は，人間としての基本的な行動を遂行するために必要な能力の習得を意図したものであり，それらのすべてを順序立てて指導するものではなく，個々の児童生徒のディスアビリティや活動の制約の状態を踏まえて，必要とされる項目を選定して指導するものである。

　また，知的障害者を教育する養護学校の各教科の目標及び内容は，幼児児童生徒の知的発達の遅れの状態等を考慮して独自のものを設定している。知的障害者を教育する養護学校に在学する幼児児童生徒には，知的発達のレベルからみて，言語，運動，情緒・行動などの面で，顕著な発達の遅れやとくに配慮を必要とする様々な状態が知的障害に随伴してみられる。このような，幼児児童生徒には，知的発達の遅れに応じた教科の指導のほかに，上記のような随伴してみられる顕著な発達の遅れやとくに配慮を必要とする様々な状態についての

特別な指導が必要であり，これを自立活動で指導するのである。

　知的障害者を教育する養護学校の場合には，指導方法として領域・教科を合わせた指導を行うことができることとなっているが，この場合にあっても，個別の指導計画において，個々の自立活動の目標，内容を明記する必要がある。また，個々の幼児児童生徒の障害の状態等を十分考慮し，必要に応じて自立活動の時間を設けて指導を行うようにする。その際，幼児児童生徒一人一人の実態把握に基づいて作成された個別の指導計画に基づいて，個人あるいは小集団で指導を行うなど，効果的な指導を進めるようにすることが大切である。

　このように，「自立活動」の目標・内容は，障害の種類にとらわれることなく，いずれの障害でも一人一人の障害の状態や発達段階等の実態に合わせて具体的な指導内容・方法を工夫して指導を行うことができるように示されている。近年，障害の重度・重複化，多様化が進んできていることと合わせると，障害種別にとらわれることなく指導が展開できるようになっているところは意義があると考える。

2　教育課程における「自立活動」の位置づけ

(1)　学校の教育活動全体を通して行う指導

　学習指導要領総則の一般方針の自立活動に関する記述について，今回（平成11年）の改訂において，学校の教育活動全体を通じて自立活動の指導の一層の充実を図る観点から見直しがなされた。具体的には「養護・訓練に関する指導」を「自立活動の指導」に，「心身の障害に基づく種々の困難を克服させ，社会によりよく適応していく資質」を「障害に基づく種々の困難を改善・克服し，自立し社会参加する資質」に，「心身の障害の状態や発達段階に即して行うよう配慮しなければならない」を「障害の状態や発達段階を的確に把握して，適切な指導計画の下に行うよう配慮しなければならない」と改めた。

　この規定の前段において，「学校における自立活動の指導は，……学校の教

育活動全体を通じて適切に行うものとする」と示しているのは，自立活動の指導の重要性にかんがみ，学校の教育活動全体を通じて指導することの必要性を強調したものである。

今回（平成11年）の改訂では，従前，「養護・訓練に関する指導」と表現していたものを「自立活動の指導」と改めている。これは，学校の教育活動全体を通じて行う「自立活動の指導」と，その一部である「自立活動の時間における指導」との的確な理解を促すためである。

児童生徒がそれぞれの障害の状態や発達段階等に応じて，主体的に自己の力を可能なかぎり発揮し，よりよく生きていこうとすること，また，社会，経済，文化の分野の活動に参加することができるようにする資質を養うことを目指すため，「自立し社会参加する資質を養うため」と表現を改めたわけである。

(2) 「自立活動」の時間における指導

自立活動の指導は，特設された自立活動の時間はもちろん，各教科，道徳，特別活動及び総合的な学習の時間（盲学校，聾学校及び肢体不自由者又は病弱者を教育する養護学校の高等部においては，各教科に属する科目（以下各教科・科目という），特別活動及び総合的な学習の時間。以下同じ）の指導を通じても適切に行わなければならない。

学校の教育活動全体を通じて行う自立活動の指導は，自立活動の時間における指導と密接な関連を保つことが必要である。このため後段においては，小学部・中学部学習指導要領では「……特に，自立活動の時間における指導は，各教科，道徳，特別活動及び総合的な学習の時間と密接な関連を保ち」と示し，このことを強調しているのである。なお，このことについては，高等部学習指導要領においても同様の趣旨で示している。

また，「……個々の児童又は生徒の障害の状態や発達段階等を的確に把握して，適切な指導計画の下に行う……」と示し，とくに，個々の児童生徒の実態に即して作成された個別の指導計画の下に，適切な指導実践が行われることを期待している。

これまで，盲学校，聾学校及び肢体不自由者又は病弱者を教育する養護学校において，養護・訓練に充てる授業時数は，年間105単位時間を標準として示

していた。しかしながら，児童生徒の障害が重度・重複化，多様化してきていることから，個々の児童生徒の実態に応じて，授業時数を標準より多く設定する必要がある場合もあるなど，弾力的な運用が求められてきた。そこで，今回（平成11年）の改訂においては，障害に基づく種々の困難の改善・克服を図る自立活動の指導に充てる授業時数を一律に，年間105単位時間を標準として示さず，各学校がより実態に応じた適切な指導を行うことができるようにした。ただし，標準授業時数を示さないからといって，自立活動の時間を確保しなくてもよいということではなく，個々の児童生徒の実態に応じて，適切な授業時数を確保する必要がある。

また，自立活動の時間に充てる授業時数は，各学年の総授業時数の範囲に含まれることとなっているが，児童生徒の実態に即して適切に設けた自立活動の時間に充てる授業時数を学校教育法施行規則別表第1又は別表第2に加えると，総授業時数は，小学校又は中学校の総授業時数を上回ることもある。こうした場合には，児童生徒の実態及びその負担過重について十分考慮し，適切な授業時数を確保することが大切である。

なお，知的障害者を教育する養護学校における自立活動の時間に充てる授業時数は，これまでの養護・訓練の時間に充てる授業時数と同様に，児童生徒の実態に応じて適切に定めるものとしている。

また，高等部においては，従前，盲学校，聾学校及び肢体不自由者又は病弱者を教育する養護学校における養護・訓練の授業時数については，各学年において週当たり3単位時間を標準として示していた。しかしながら，生徒の障害が重度・重複化，多様化してきていることから，個々の生徒の実態に応じて，授業時数を標準より多く設定する必要がある場合など，弾力的な運用が求められてきた。

そこで，今回（平成11年）の改訂においては，障害に基づく種々の困難の改善・克服を図る自立活動に充てる授業時数を，一律に，週当たり3単位時間を標準として示さず，各学校が，より実態に応じた適切な指導を行うことができるようにしたものである。

(3) 重複障害者の自立活動

　自立活動の時間についての規定等は，盲学校，聾学校及び養護学校に在籍する児童生徒の障害の重度・重複化，多様化を考慮し，これらの児童生徒の実態に応じた弾力的な教育課程の編成ができることを示したものである。

　また，重複障害者のうち，例えば，各教科等の学習が著しく困難な児童生徒に関する特例としては，このような児童生徒の障害の状態は極めて多様であり，また，一人一人の発達の諸側面に不均衡が大きいことから，心身の調和的発達の基盤を培うことをねらいとした指導が必要となる。こうしたねらいに即した指導は，主として自立活動において行われ，それがこのような児童生徒にとって重要な意義を有することから，各教科，道徳，特別活動（盲学校，聾学校及び肢体不自由者又は病弱者を教育する養護学校の高等部においては，各教科・科目及び特別活動）の目標及び内容に関する事項の一部を取り扱わず，自立活動の指導を主として行うほか，各教科（各教科・科目）の目標及び内容の全部又は総合的な学習の時間に替えて，主として自立活動の指導を行うことができることとされている。ここでは，道徳及び特別活動については，その目標及び内容の全部を替えることができないことに留意する必要がある。

　なお，ここで規定しているように，「重複障害者」とは，「当該学校に就学することとなった障害以外に他の障害を併せ有する児童又は生徒」であり，「他の障害」とは，視覚障害，聴覚障害，知的障害，肢体不自由及び病弱について，原則的には学校教育法施行令第22条の3において規定している程度の者を指している。しかし，上記の(1)及び(2)の特例を適用するに当たっては，指導上の必要性から，必ずしもこれに限定される必要はない。また，言語障害や情緒障害などを併せ有する場合も含めて考えてよいこととなっている点にも留意する必要がある。

（横田雅史）

3　障害者の社会参加と「自立活動」

(1)　「障害」は個人的要因と環境要因との相互作用に規定される相対概念

　「障害」をどうとらえるかということは極めて重要なことである。単なるラベリング（レッテル貼り）のために用いるのではまったく意味がない。どのようにそれに対応するかという立場で「障害」をとらえる必要がある。

　第二次世界大戦以前は，「障害」を疾病の結果人体に持続的に残った形態の変化や機能不全であるインペアメントとしてとらえた。それは医療の終了を意味し，社会的には家族や慈善施設などの保護の対象として位置づけられた。ただ例外的に傷病兵に対して，職業・生活訓練を行い，社会的リハビリテーションの始まりとなった例もある。

　第二次世界大戦後の北欧やイギリスなどの社会民主政権では，人権のうちの生存権の立場から，同時代，同地域の人々との社会的不利をハンディキャップとしてとらえ，「障害」を救貧対策などの社会的処遇の対象として位置づけた。その後，年金・医療保険，社会福祉・福祉サービス，介護保険などへと進展していった。

　一方，このような「結果の平等」を重視する北欧などに対して，「機会均等」を重視するアメリカでは，1960年代の公民権運動の高まりの中で，日常生活活動上の差し障りであるディスアビリティを「障害」ととらえるようになった。ディスアビリティを引き起こす要因として，インペアメントなどの個人的な要因だけではなく，その人を取り巻く環境要因をも重視して，個人的要因と環境要因の相互作用によって規定される相対概念として「障害」をとらえたのである。

　例えば，車椅子がなければ移動できない人が，教育や訓練によって車椅子の操作方法を習得したとしても，段差や階段があれば建物に出入りできないという日常生活活動上に支障をきたすことからも分かるように，両足を用いて移動できないという個人的な要因の改善だけでは，日常生活活動の差し障りは解消

されないという考え方が，この時期に提唱されたのである。

ところが，その後の2, 30年間は，ディスアビリティを改善する方策は，二つに分かれてそれぞれ並行して進められた。すなわち，一つは歩行訓練・日常生活訓練・コミュニケーション訓練などの社会的リハビリテーションや特殊教育における「養護・訓練」などのように，個々の障害のある人に対する能力向上の指導であった。もう一つは，建物・道路・交通機関などの物理的環境のバリアフリー（障壁除去）の進展であった。1990年代に入ると，これらの二つの流れは総合的に取り組まなければならないことが提唱されてくるが，その経過を次に述べることとする。

(2) WHOの国際障害分類の改訂動向

1970年代になると，障害の概念を構造的に位置づけようとする動きが現れてきた。その作業は，WHOで取り組まれ，1980年に「WHO国際障害分類（試案）」として発表された。この国際障害分類（試案）においては，障害に関する三つの概念が矢印で表す「概念モデル」として示された。すなわち，疾病の結果がインペアメント（形態・機能障害）を引き起こし，インペアメントがディスアビリティ（能力障害）の原因となり，ディスアビリティとインペアメントの両方がハンディキャップ（社会的不利）を引き起こすという流れの図であった。この国際障害分類（試案）は，1981年の国際障害者年や国連の障害者の10年の「障害」の概念として世界中に普及していった。

このような「障害の構造」は，インペアメントには医療や医学的リハビリテーションが対応し，ディスアビリティには教育や社会的リハビリテーションが対応し，ハンディキャップには社会的対応が必要であることを提起し，普及させたという意味で高く評価できる。しかしながら，この「概念モデル」は，すべては疾病から出発し，「障害」を個人的な範囲に限定する「医学モデル」であるという批判が次第に強くなった。とくに，バリアフリーからユニバーサル・デザインへと，環境改善の概念が高齢者や障害のある人をも含めて，すべての人のためであるという考えが広がっていった1990年代になると，WHOでも改訂の動きが始まった。

1993年の重版では，1980年に公にした国際障害分類から，「試案」という文

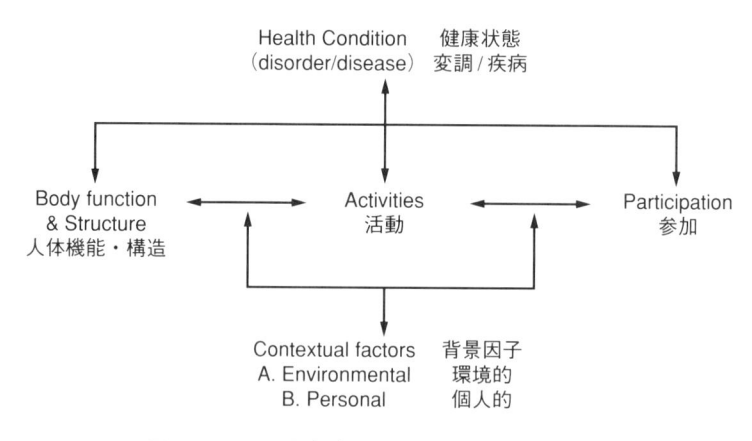

```
                Health Condition      健康状態
               (disorder/disease)    変調/疾病


  Body function              Activities              Participation
  & Structure                 活動                      参加
  人体機能・構造


                Contextual factors    背景因子
                A. Environmental      環境的
                B. Personal           個人的
```

図1　ベータ2素案（ICIDH-2の各次元の相互作用）

〔出典〕　佐藤久夫：国際障害分類（ICIDH）改正の動向，総論
　　　　視覚障害リハビリテーション協会　紀要　NO.5（p.7）
　　　　視覚障害リハビリテーション協会　1999年

字を削除したが，内容はとりあえず変更せず，序文に，「障害は個人的要因と環境要因の相互作用である」ことを強調し，「環境」の次元を明確に位置づける方向で改訂作業を行うことを述べている。その後，2001年を目標に改訂作業が行われ，1995年に「アルファ案」，1997年に「ベータ1案」，1999年に「ベータ2素案」が発表され，各国語に訳して意見を集約している。

　1999年4月のロンドン会議で示された「ベータ2素案」でのいわゆる「概念モデル」（図1参照）では，各次元間の相互関係を両向き矢印で表している。まず，上方に「健康状態（疾病を含む）」を位置づけ，下方に「背景因子（環境的・個人的）」を位置づけ，その中間に中立的な三つの次元である「人体の機能と構造」，「活動」，「参加」を左から右へ並べ，それらのすべての間を両向きの矢印で結んでいる。これは，高齢者や障害のある人をも含めたすべての人に適応される「生活機能」の「ユニバーサルモデル」であると規定している。

　そのうえで，「障害」については，これらのすべての次元と関連するものであることを前提として，「人体の機能と構造」に対しては「インペアメント」，「活動」に対しては「活動の制約（従来の能力障害）」，「参加」に対しては「参加の制限（従来の社会的不利）」と規定し，「障害」の総称を「ディスアビリテ

ィ」と呼ぶことになっている。

　この概念モデルは,「障害」を「医学モデル」や個人的要因のみを重視するのではなく, 環境要因との相互作用を強く打ち出しており, また, 障害のある人や高齢者を特別扱いしないという立場をとっており, これらの方向性は, 高く評価できる。

(3) ノーマライゼーションにおける自立と支援との関係

　人類の生存に関わる21世紀の課題は, 地球環境の保全と, 適切な社会関係の確立の二つであろう。20世紀の大量の化石燃料の消費や乱開発, あるいは還元できない物質の大量投棄を行った「つけ」は, 21世紀に回される。これを解決し, 生態系と調和のとれた地球環境をつくり出さなければ, 人類はおろか生物も地球上から消えてなくなるであろう。これは国際政治や経済の課題であるだけではなく, われわれの日常生活のあり方(ライフ・スタイル)の問題でもある。また, 戦争や民族浄化, あるいは宗教の対立や貧富の格差などを克服して, 21世紀に「社会的動物」である人間にふさわしい適切な社会関係を確立しなければ, 人類の存亡の危機となるであろう。「ノーマライゼーション」は, その解決法の最適なものと位置づけることができる。

　ところが, 教育や社会福祉などの専門家の中にも,「ノーマルな社会」とは,「多数者である健常者が構成する社会」で,「高齢者や障害のある人などのアブノーマルな少数者」を同化・吸収するのが「ノーマライゼーション」である, と錯覚している人が案外多いが, それは大きな誤解である。本来,「ノーマルな社会」というのは, 年齢差, 性差, 人種・民族・国籍・宗教などの相違や障害の有無などを包含して, 様々な人々で構成されている社会のことを指すのである。そして, そのような「ノーマルな社会」を実現することが「ノーマライゼーション」なのである。

「ノーマルな社会」では, 一見「異質」と思われる人とも「キレル」ことなく, 同じ人間であり, 仲間であるという共通点に着目し, 連帯感と共感をもって接することが第一のルールである。そのうえで, 互いの相違点を「その人の属性」の一部であると認め合い, 尊厳ある個人として互いに尊重し合うことが第二のルールである。「ノーマルな社会」の構成員は, すべて尊厳ある個人とし

て，その人らしく自立する必要がある。

「自立」は「孤立」ではない。何事もすべて自分一人でできる「スーパーパーソン(超人)」は存在しない。そこで，すべての構成員は，自分のできる範囲で互いに主体的に役割を分担し，足りないところを互いに支援し合う関係が求められるのである。高齢者や障害のある人，とくに重度・重複障害のある人の場合は，支援を受ける度合いは極めて多くはなるが，尊厳ある個人としてのその人らしい自立を無視することは許されない。なお，「自立」の概念規定については，「4 『自立活動』と自立の概念規定」で取り上げることとする。ここでは，「障害」のある人の社会参加にとって，社会的環境の改善であるノーマライゼーションが極めて重要であることはもとより，21世紀の人類の生存にとっても重要な課題であることを強調することにとどめることとする。

(4) 自立と社会参加を促す「自立活動」

1)「目標」における「障害」と「改善・克服」の意味

以前，「養護・訓練」の「目標」に，「障害を改善・克服」という文言があった。それに対して，「障害」を「インペアメント」と理解して，「教育によって形態・機能障害を改善・克服することはできない。それは，教育の仕事ではなく医療の仕事であるから，この文言は間違っている」という批判があった。そこで，学習指導要領の解説で，この「障害」は「ディスアビリティ」を意味しているから，教育によって「改善・克服」することができると説明されていた。この場合，我が国の法令では，「障害」は，就学基準をはじめとして，「インペアメント」を意味しているが，いったん指導実践の場になれば，「ディスアビリティ」が特殊教育の対象となるという立場をとったのである。将来的には，「障害」を法令でも，制度面でも，「ディスアビリティ」に改めるのが世界の潮流であるとは思うが，現在の法令を前提とするかぎり，「障害」を指導実践に限ってであっても，「ディスアビリティ」と説明することは，現行制度での整合性がとりにくい。

そこで，今回（平成11年）の改訂においては，「自立活動」の「目標」においては，「障害に基づく種々の困難を改善・克服」としたものと思われる。こ

の場合,「障害」は「インペアメント」であり,「種々の困難」が「活動の制約」と「参加の制限」を意味しているものと解釈できる。すなわち,「障害(インペアメントの意味)」では,「改善・克服」の対象とはならないが,「種々の困難(活動の制約と参加の制限)」であれば,「改善・克服」の対象となりうるからである。

次に,「改善・克服」とは何を意味しているのであろうか。ここでいう「改善」は,「活動の制約」や「参加の制限」を対象としていると考えれば,自立と社会参加の促進を意味していると素直に理解することができる。しかしながら,「克服」の対象が「活動の制約」や「参加の制限」であるとすれば,その解釈はそう容易ではない。もちろん,「自立活動」では,幼児児童生徒に主体的に「克服」させることを指導することになるのであるから,やはり高度な課題となる。

「活動の制約」を主体的に「克服」するということであれば,「自立活動」の指導や社会的リハビリテーションによって実現することは不可能ではない。しかしながら,「参加の制限」の原因を除去することに関していえば,社会環境の改善に主体的に取り組ませることを,「自立活動」の指導の中で取り上げるには少し高度な課題である。また,「克服」を精神的な「心理的克服」ととらえるとすれば,「活動の制約」を前提とした「生き方」や,「参加の制限」を前提とした「諦め」や「忍耐力」,あるいは他人に対する「支援の依頼」の仕方を指導することが必要となってくる。

いずれにしても,従来のような「生活技術・技能」の指導にとどまるだけではなく,自己の社会生活力とともに,社会環境に対する積極的・主体的な「改善・克服」の働きかけができる能力を育成することが問われることになるのである。

2) 社会参加を促す環境の改善

ノーマライゼーションが確立すれば,障害のある人の社会参加は容易になることはすでに述べた。しかしながら,それは,当事者の主体的な努力なしで一朝一夕に実現できるものではない。「社会」といっても,まず家庭・親戚・近隣の子ども集団・学校・寄宿舎・様々な交流と,身近で小規模な「社会」から次第に広がっていく。これらは,コミュニティにおいて,在宅生活をしていく

場合の前段階としても重要である。

　また，学校といっても，グループ活動・学級活動・学部や全校の活動，あるいは教科・道徳・特別活動などの様々な場がある。「自立活動」は，個別学習の指導が建て前ではあるが，複数の子どもが複数の教師とかかわり合いをもつときには，個別の目標や課題は異なっていても，そこには「社会参加」の基礎を習得するチャンスも豊富に存在する。

　その場合，一対一であっても，子どもにとって教師は環境の一つであるから，あらゆる学習環境が，「社会参加」を目標とした適切な状態に設定されることは最も身近な問題として重要である。「社会参加」のための「環境の改善」は，すぐ身近に日常的に存在している点を，教師は認識しなければならない。

3）社会生活力とエンパワーメント

　今まで，「社会参加」のためには，環境要因の改善が重要であることを強調してきた。

　しかしながら，「環境改善」とともに，尊厳ある個人のその人らしい自立を目指した主体的な社会生活力を向上させることは，極めて重要なことである。それは，単に「生活技術・技能」の向上だけを意味しているのではない。「生きる喜び」，「働く喜び」，「生きがい」，「自己実現」などと呼ばれているような，人生の「生き方」の問題として，それを実現する手段として，社会生活力を習得しておくことが，たとえ貧困な社会環境の中でも，「生き生きと楽しく暮らす力」となるのである。これは「自立活動」の「目標」の重要な課題であるとともに，社会リハビリテーションの重要な課題の一つでもある。

　ただ，この社会生活力などを指導する場合，うっかりすると陥りやすい落とし穴がある。それは，障害のある人の状態や活動の状況を観察する場合，その人の「できない側面」，「苦手な側面」，「活動が不可能な側面」，「遅れた側面」など，「マイナス面」がまず認知される。それらの現象がなぜ生じたのかを読み取り，どのような「思考過程」を経ているのかを理解することは極めて必要であるが，その原因がたとえ解明できたとしても，それ自体を改善しようとすると，拒否反応が起こったり，期待した効果が上がらない場合が少なくない。それは，「できない」とか，「発達が遅れている」とかには，それなりの長い歴史があり，不安や不愉快さを伴っているからである。

そこで，その人がもっている能力を見つけ，それを可能性いっぱいに活用したり，発達の進んでいる側面を伸ばすことによって，まず自信をもたせ，問題を解決する「バイパス」を習得させれば，やがて，今までできなかった側面もできるようになるものである。すなわち，その子どもの全体を総合的に把握し，日常生活活動に必要な問題を解決するために，保有する能力を総動員することによって，一つ一つ日常生活活動の課題を解決する方法を習得させ，それを実際の日常生活の中で，活用できるようにすることが最も重要なのである。すなわち，「エンパワーメント（力を付けること）」に集中できる学習環境を設定することが極めて重要な課題といえる。

4 「自立活動」と自立の概念規定

(1) 職業自立と社会自立

第二次世界大戦後，欧米でも「庇護授産所」ではなく，一般企業に職業人として雇用させるために，職業リハビリテーションが開始された。また，職業人としての一般的素養やコミュニティ活動への参加を促すために，社会的リハビリテーションも開始された。

我が国の視覚障害のある人々は，江戸時代からの「当道座」の伝統を引き継いで，鍼・灸・按摩の専業意識が色濃く残っていた。視覚に障害のある人々の就業率としては，世界で飛びぬけて高いにもかかわらず，「職業」というより「福祉」という意識がいまだに強く残っている。そのような意識を打破すべく，日本ライトハウスにおいては，1965年（昭和40年）に，職業・生活訓練センターを設置し，「有能なる社会人の創造」を理念として掲げ，職業・社会的リハビリテーションを，我が国にはじめて導入した。

その後，同種の施設は次第に各地に広まったが，当然のこととして，既成の企業の内部規律の中で，一社員としての資質が求められ，それを育成することが，職業自立のための訓練であった。また，既成のコミュニティの中で活動で

きる人を育成することが，社会自立のための「社会適応訓練」であった。

その後，雇用率制度とか，ヒューマン・アシスタント制度とか，OA機器の整備とか，特例子会社などが整備され，知的障害のある人などの雇用も進んだが，基本的には，職業自立や社会自立は，既成の秩序に組み込まれて，その中で活動できる人だけを選抜し，育成するという限界を超えてはいなかった。

アメリカのADA（Americans with Disabilities Act）では，「障害」ゆえに雇用に関する機会を奪うことを禁止し，「機会均等」を守ることを強く規定しているが，その場合，その対象となる人は，qualified person（与えられた仕事を遂行する資格のある人）なのであって，就職した後は，その人の能力によって評価されることになっている。

我が国においても，規制緩和の流れの中で，例えば，身分独占を伴う医師などの絶対欠格事項はもとより，相対欠格事項も廃止して，チャレンジの機会の制限をなくすべきであるという考え方が台頭してきている。「生きがい」として挑戦する人がいれば，障害のある人に対して，どんな資格試験も，企業も，大学・学部も門戸を開放して当然であるとする考え方である。

たとえ，既成社会への同化・吸収であったとしても，障害のある人自身が「生きがい」としてチャレンジするのであれば，教育や社会的リハビリテーション・職業リハビリテーション・就労支援に携わる職員は，「エリート教育」といわれても，支援していく必要があるのではあるまいか。ただ，将来的にはノーマライゼーションの発展に伴って，物理的・制度的・社会的・心理的環境も改善され，既成の社会自体が柔軟になると思われる。その場合でも，社会生活力や問題解決能力の育成は，ますます重要な課題となるものと思われる。

(2) 「自立生活」と重度・重複障害のある人の自立

1970年代に，アメリカのカリフォルニア州で自立生活（Independent Living）の運動が始まり，自立の概念が問い直された。脳性まひのある人々等の，「自分たちはいくら訓練を受けても手足は動かせない。人に円滑に言葉を伝えることもできない。だけど理解力や判断力はあるし，なによりも家族の保護の下を離れて，自分の意思で生活したい」という切実な「自立」の願いに端を発した運動である。

4 「自立活動」と自立の概念規定

しかしながら，それを実現するためには，多くのボランティアによる支援や，ホームヘルパーを依頼できる財政援助が必要である。また，自立生活を体験しそれを遂行できる訓練をするために，「自立生活支援センター」などのような場が必要である。この運動は，アメリカはもとより我が国にも次第に広まり，現在では市町村レベルで「自立生活支援センター」を設置して支援しているところもかなり見られるようになった。こうした取り組みによって，自らの意思に基づいて生活するということも含めて，「自立」の概念が拡大されたのである。

「欧米では寝たきり老人はいない」と言われて久しい。自立心の強い欧米人にとっては，どんなにつらい「機能訓練」（医学的リハビリテーション）を受けても，自分で自分の身の回りのことをやりたいという気持ちが強いからである。我が国の場合は，「寝かせきり老人」が実に多い。介護する立場からも，動き回られるよりはおとなしく寝ていてくれた方が世話がしやすいし，自立した個人が育っていない我が国では，老人自身も甘えていた方が楽だと思うのかもしれない。「介護保険」で，自立度があがるほど支給額が減る制度が，この傾向をますます助長するのではないかと危惧される向きもある。

生後数か月の目が見えない乳児に，哺乳瓶をいきなり口に押し付けたのではびっくりするだけである。事前に「おっぱい作るからね」と言いながら用意すれば，言葉は分からなくとも，雰囲気や音や匂いは分かる。哺乳瓶を振りながら音を出して近づき，両手に触らせると丸みと温かさを感ずる。それから唇に乳首でサインしてから飲ませるようにしておくと，やがて，事前に予測し，期待し，待ちかねて騒ぎ出すようになる。黙って飲ませるのも栄養価には変わりはないかもしれないが，それは単なる「世話」である。事前に予測し，期待し主体的に取り組む態度を育てることは，乳幼児にとっての「自立」なのである。

重度・重複障害のある子どもとかかわり合いをもつときも，これとまったく同じなのである。いきなりトランポリンの上にのせて，体を支えて跳び上がらせようとしても，今自分が何をしているのかは分からない。入り口から廊下，プレイルームから遊具へと，一つ一つ保有する感覚で確かめながら，自分が今からどこへ行き，何をしようとしているかを予測し期待して，初めて喜んで選ぶ遊びとなるのである。これが，重度・重複障害のある子どもの主体性であり，「自立」の始まりなのである。

たとえ，どんなにいいことであっても，教師や親から突然押し付けられた行為には主体的に取り組めない。パニックを起こす場合の多くは，そこがどこで，相手がだれだか分からず，今から自分は何をされるのかを恐れる場合が圧倒的に多い。尊厳ある個人のその人らしい自立を常に尊重し，主体的に取り組ませてこそ指導の効果も期待されるのである。

このように，「自立生活」，高齢者や乳幼児の自立，重度・重複障害のある人の自立が確立されるためには，その人を取り巻く環境の側が，改善されなければ実現されない。その人を取り巻く人々とのかかわり合いと支援の下に，「自立」が確立され，そのような状態が長く継続されているうちに，主体的な取り組みの態度とともに，社会生活力も育成されていくのである。

(3) 尊厳ある個人のその人らしい自立と「生きる力」

社会福祉の基礎構造改革の中で，「尊厳ある個人のその人らしい自立」，「利用者によるサービス提供機関の選択」，「利用者とサービス提供者との対等な関係」などが強調されている。利用者が自分で判断して選択できない場合には，「尊厳ある個人のその人らしい自立」の立場に立って，選択を支援したり，苦情処理を行う中立的機関も準備している。また，法務省が進めている「成年後見制度」などを利用することもできる。これらはいずれもおとなの場合である。子どもの場合，両親や教師が判断を手助けする場合も多いであろう。その場合は，とくに乳幼児や重度・重複障害のある子どもについては，前述したように，両親や教師の立場や判断を押し付けるのではなく，「尊厳ある個人のその人らしい自立」を支援するという立場を常に堅持することは極めて重要である。

最近，QOL（quality of life）が盛んに強調されるようになった。その場合，「生活の質」と訳されて，「生活技術・技能」の向上が中心に語られることが多い。しかしながら，上田敏（1983）が指摘するように，life を日本語に訳すと様々な意味に対応できる。「生命の質」と訳せば，医療や医学的リハビリテーションの対象となる。「生活の質」と訳せば，社会生活力や問題解決能力の向上と対応する。「人生の質」と訳せば，「生きる喜び」，「生き方」，「生きがい」，「自己実現」などの「生きる価値」や「理念」あるいは「人生観」などと対応することとなる。

「自立」や「社会参加」は，「人生の質」に近いし，それを実現するための「社会生活力」や「問題解決能力」は，「生活の質」に近い。さらに，「環境の改善」は，その両方に深くかかわっている。「自立活動」において，障害のある子どもの自立や社会参加を促す基礎として，子どもの学習環境の改善に配慮しながら，社会生活力をエンパワーメントの立場で向上させることが極めて重要である。それと同時に，問題解決能力を向上させるために，必要な学習環境を周到に準備することが極めて重要である。「問題解決能力」は，「生きる力」の重要な要素であるから，「自立活動」の時間で障害のある子どもの「生きる力」の基礎を習得させた後に，「総合的な学習の時間」や各教科・道徳・特別活動などの学校教育の全領域において，「真に学習すべき内容」として位置づける必要がある。

「生きる力」は，平成11年の教育課程の改訂に先立って，平成8年（1996年）7月に，中央教育審議会の第一次答申の中で提案されたものであるが，前回の改訂の際に提案された「自己教育力」をもっと分かりやすく明快に表現して，「問題解決能力」としたうえに，豊かな心と健康と体力を付け加えて，「生きる力」と定義したものである。

　ここで重要なのは，情報化・国際化の激動の「生涯学習社会」の中で，学校で習得した「知識・技能の大系」では，すぐ役に立たなくなるという点である。そこで基礎・基本に精選した「知識・技能」を教材として用いながら，「真に学習すべき内容」は，「学習の方法」自体であり，「必要な情報の収集と処理のしかた」であり，「自分で課題を探し判断し，問題を解決していく能力と質」などである。「入学試験」や「偏差値教育」に終始している教育実践の場で，この主旨が正しく受けとめられなければ，21世紀を担う人材の育成は期待できなくなるであろう。

　このことは，「自立活動」の指導においても，将来遭遇するあらゆる場面で，自分で解決できる「社会生活力」を習得しておかなければ，「自立」や「社会参加」はおぼつかないことになることを，肝に銘じておくことが極めて重要であるといえよう。

5　主体性をはぐくむ指導方法の工夫

(1)　発達を促す個人と環境との相互作用

　昔は「氏か育ちか」という不毛な議論が行われていたが，現在では「子どもとそれを取り巻く環境（人や物）との相互の働きかけ合いで学習が成立し，その結果，発達が促される」と考えられている。「働きかけ合い（相互作用）」であるから，「環境から子どもへの働きかけとその応答」と「子どもから環境への働きかけとその応答」との二組の両方向の作用が豊富に行われなければならない。

　ここでいう環境としては，両親，兄弟・姉妹，その他の家族や親戚，近隣の子どもたちやその家族，保育所や幼稚園の友達と指導者，学校の教職員と児童生徒，趣味や学習グループの仲間や指導者，地域社会の人々，交流する機関の子どもたちや教職員などと豊富である。身近な小規模なものから次第にその範囲と量は拡大されて，多くの人々とかかわり合いをもつこととなる。

　また，物としても，飲食物，日用品，玩具・遊具，家具・建物・道路，教材・教具などの様々な学習環境，校庭や街並み，交通機関などと，やはり身近な少数なものから，次第に範囲も量も質も情報量も拡大していく。

　ところが，伝統的な「教授―学習理論」では，人類の文化遺産である知識・技能の大系を，平均的な発達段階で学年配当した内容が記載されている教科書を，「一斉授業」の形でマニュアルどおりに「教育対象」である子どもに伝達する。その反応も「分かりましたか」と確認するにとどまっている場合が多い。同じことを繰り返し言われるのはたまらないので，子どもは「分かりました」と答えて，その場を逃れる。また，環境としての教材や教具も，画一的で少数で，しかも一方的に提示して，子どもが自由に操作することができない。これでは，環境から子どもへの一方的な働きかけで，「働きかけ合い（相互作用）」にはなっていない。

　本来，「学習主体」である子どもの側から教師に働きかけ，教師はそれに適

切にタイミングよく「応答する環境」でなければならない。そのためには，様々な個性豊かな子どもたちとのかかわり合いの中で，子どもが働きかけてくることを予測し，それに対する多くの応答を前もって準備するとともに，その場に適した適切な判断と応答が期待されることになる。また，教材・教具についても，子どもの働きかけに手応えを感じさせ，期待した応答を返すか，その期待と予想をはずして，子どもに問題解決のきっかけを与えるようなものでなければならない。

　実際の学習場面では，これらの二組のかかわり合いが行われるのが自然であるが，今まであまりにも，教師の側からの働きかけが多すぎたので，その逆の子どもからの働きかけとそれに対する適切な応答が，学習活動の大半を占めるという状態で，はじめてバランスがとれるのである。また，それでなければ尊厳ある個人のその人らしい自立を促す問題解決能力をはぐくむことはできないのである。そのためには，教師自身が子どもにとっての「バリア環境」になっていないかと問い直すとともに，教師や教材を含めた学習環境の整備・充実に努めることが極めて重要である。

(2) 主体的な学習活動を行う子どもと教師とのかかわり合い

　「自立活動」では，個別学習の指導が前提であるから，「学習主体者」である子どもの主体的な働きかけに対して，「応答する環境」としての教師や教材がいかに適切に対応していくかが極めて重要な課題となってくる。ところが，従来「養護・訓練」という名称にひかれて誤解されたのか，「過剰に保護」しすぎたり，「特訓」に近い固定的なカリキュラムの強制的な押し付けが行われる場合も見られた。また，「集団指導」の中で，個別学習の課題や子どもの主体的な働きかけを無視して，「一斉訓練」が行われることさえあった。

　主体的な学習活動を引き出すためには，適切な学習課題を子どもと共有することが重要である。例えば，コミュニケーションの学習でも，予め作成した一連の学習プログラムをそのまま指導するのではなく，子どもが「……さんと……の遊びについて話したい」とか，「……君に手紙を書いてみたい」などというニーズを目標として，それを実現するのに必要な手段を，楽しみながら習得していく活動が臨機応変に行われ，結果として，コミュニケーションの技

術・技能が向上すればよいのである。

　単に「話し方」やパソコンの操作法を指導すればそれでよいというものではない。自ら問題解決していく方法を習得していく過程で、適切な情報の提供や基本的な操作法の支援を早すぎも遅すぎもなく、適切なタイミングで行うことが、専門家としての教師に問われているのである。

　重度・重複障害のある子どもの主体的な態度を確認することは一見困難に思われるが、その表情やしぐさでニーズや喜びを読みとることはできる。主体的な学習活動が適切に行われたかどうかの評価は極めて重要である。個別学習指導であるから、「相対評価」は論外であるが、子どもの「習熟度」や「達成度」あるいは、長期での発達検査だけが学習の評価ではない。

　主体的な子どもと「応答する環境」である教師との主体的なかかわり合い自体が評価の対象となる。その場合、学習活動の場面をビデオで記録しておいて、後でそれを見ながら、子どもの主体的な意図を的確に把握していたかどうか、自分の応答の仕方が適切であったかどうかを、絶えずチェックすることも必要である。できれば少数の同僚とのケース・カンファレンスの中で、ビデオを見ながら信頼感の中で話し合うことが効果的である。それによって、自分が気づかなかったことを発見したり、観点を変えた見方を考え直してみる絶好のチャンスとなり、互いに適切な応答の方法を高め合うことができるからである。

　子どもを観察する場合、例えば、全盲の子どもの図形や具体物を観察する手の動きだけに気をとられてはいけない。その手の動きがどのようなイメージや概念に導かれて行われているかという、その子どもの「思考過程」や「問題解決のプロセス」を観察することが重要である。もちろん、移動・歩行やコミュニケーションの場合も、表面に顕された起居動作や発言だけを客観的に観察記録するだけではなく、それらが引き起こされる「思考過程」を理解したり、次に現れる行動を予測することが必要となる。

　視覚障害のある子どもの場合では、「予測・確かめのシステム」を習得させることが、将来遭遇するあらゆる場面で適切に問題解決できる方法であるとして、「真に習得すべき学習内容」として重視してきている。それは、安全に歩くためには前方の環境の状態変化を常に予測できなければ歩けないし、自分が必要とするものがそこにあるだろうと予め予測してから探し、それを手の触覚で確かめることができなければ、能率的な日常生活行動は不可能だからである。

これは，単に視覚障害のある子どもに限られるものではない。すべて人間の行動の多くは，予め予測し，その手順を頭でシミュレーションしてから行動し，その結果を自分が保有する感覚で認識している。そうでない行動のことを「いきあたりばったり」とか「夢遊病者的行動」などと呼んでいるのである。
　いずれにしても，子どもにとって適切な環境である教師は，適切な学習環境を準備して，子どもの問題解決の能力を向上させることが問われている。これは，尊厳ある子どもがその人らしい自立を達成し，社会参加していくためには重要な課題であることを再び強調しておきたい。
（木塚泰弘）

◆参考文献
文部省：『盲学校，聾学校及び養護学校学習指導要領解説　自立活動編』，海文堂出版，2000年
文部省：『盲学校，聾学校及び養護学校学習指導要領解説　総則編』，海文堂出版，2000年
上田敏：『リハビリテーションを考える』，青木書店，1983年

第3章❖自立活動の内容

Chapter 3

1 学習指導要領に規定されている内容のとらえ方

(1) 自立活動の内容の構成

　学習指導要領に規定されている自立活動の内容を見て,「抽象的で分かりにくい」とか,「指導すべき具体的な内容のイメージがわかない」などと感じる方が多いのではなかろうか。それもそのはず,自立活動の内容の示し方は,教科等の内容の示し方と異なり,具体的な指導内容そのものを示すという方略を採っていないためである。では,一体どのような考え方のもとに,自立活動の内容は示されているのであろうか。

　自立活動の内容は,人間としての基本的な行動を遂行するために必要な要素と,障害に基づく種々の困難を改善・克服するために必要な要素とを,抽象レベルで列挙し,それをまとまりごとのカテゴリーに分類・整理するという方法で示したものである。分類カテゴリーを,ここでは「内容区分」と呼ぶが,平成11年3月に告示された特殊教育諸学校の学習指導要領には,「健康の保持」,「心理的な安定」,「環境の把握」,「身体の動き」,「コミュニケーション」という五つの内容区分のもとに,22項目の内容が示されている。これら22項目の

内容は，前記二つの側面から選び出された要素である。

では，「なぜこのような方法で，内容を構成する必要があるのか」という疑問がわいてくる。

(2) 学校種別や学部を超えた共通の内容

特殊教育諸学校において教育を行うことが適当な児童生徒の判断基準は，盲学校においては視覚，聾学校においては聴覚，知的障害養護学校においては知的障害の程度というように，おおむね心身の損傷の程度がその基準となっている。ところが，これらの児童生徒を教育的な観点からみると，必ずしも損傷の程度によって指導すべき内容が決まるとは言いがたい面をもっている。つまり，損傷の程度は同程度であっても，日常生活や学習上の支障及び活動の制約の程度は，一様ではない場合が多く，むしろその状態は非常に多様であるといえる。自立活動の指導を通して改善・克服が期待される「障害」は，心身の損傷ではなく，日常生活や学習上の支障や活動の制約が中心であるから，損傷の程度を基準として，対象となる児童生徒を定めている学校種別ごとに内容を定めるという方法よりも，一人一人の日常生活や学習上の支障及び活動の制約の状態・程度に対応できるように，学校種別を超えてメニュー方式で内容を選定できるようにした方が適切であるといえる。

また，近年においては，重度・重複障害児童生徒がどの学部においても大きな比率を占め，学部間を超えて，個々の児童生徒のニーズに適切に対応した指導をどのように行うかが重要な課題となってきている。

このような状況に対応するため，学習指導要領における自立活動の内容は，学校種別や学部を超えて，共通に示すことができるように，人間としての基本的な行動を遂行するために必要な要素と，障害に基づく種々の困難を改善・克服するために必要な要素とを抽象レベルで抜き出し，それを五つの内容区分に分類・整理するという方法で示しているのである。

今回（平成11年）の学習指導要領の改訂においては，重度・重複障害児童生徒の指導に，より適切に対応することができるようにするため，この内容の見直しを行い，五つの内容区分のもとに，22項目が示された。内容の区分の名称も，「健康の保持」，「心理的な安定」，「環境の把握」，「身体の動き」，「コ

ミュニケーション」と改められたが，これは，できるかぎり内容区分の名称を分かりやすくしようという意図で行われたものである。

(3) それぞれの内容が意味するもの

　前述したように，特殊教育諸学校の学習指導要領に示されている自立活動の内容は，人間としての基本的な行動を遂行するために必要な要素と，障害に基づく種々の困難を改善・克服するために必要な要素とを抽象レベルで抜き出し，それを五つの内容区分に分類・整理したものである。ここでは，それぞれの内容区分ごとに，内容項目が何を意味しているかを概観してみたい。

1) 健康の保持

　この内容区分においては，生命を維持し，日常生活を行うために必要な身体の健康状態の維持・改善を図る観点から，内容を示している。以下においては，この内容区分に示されている四つの内容のそれぞれについて，その意図するところを概観する。

① 生活のリズムや生活習慣の形成に関すること：体温の調節，覚醒と睡眠など，健康状態の維持・改善に必要な生活のリズムを身に付けること，食事や排泄などの生活習慣の形成に関すること，衣服の調節，室温・換気の調節，感染予防のための清潔の保持など健康な生活を送るために必要な力の形成を図ることなどを意味している。

② 病気の状態の理解と生活管理に関すること：自分の病気の状態を理解してその改善を図ったり，病気の進行の防止に必要な生活様式について理解して，生活の自己管理ができるようにすることを意味している。

③ 損傷の状態の理解と養護に関すること：病気や事故などによる自己の損傷の状態等を理解し，それを適切に養護することによって，症状などの進行を防止したり，安定した生活を送ることができるようにすることを意味している。

④ 健康状態の維持・改善に関すること：運動量が少なくなったり，体力が弱くなったりすることなどを防ぐために，日常生活における適切な健康の自己管理を行い，健康状態が維持・改善できるようにすることを意味している。

2）心理的な安定

　この内容区分においては，心理的な安定を図り，対人関係を円滑にして，社会参加の基盤を培う観点から内容を示している。以下においては，この内容区分に示されている四つの内容のそれぞれについて，その意図するところを概観する。
① 情緒の安定に関すること：情緒が不安定になりやすい幼児児童生徒が，安定した情緒の下に生活することができるようにすることを意味している。
② 対人関係の形成の基礎に関すること：対人関係の基礎となる自他の区別をすること，相手の心情を理解した対応の方法を身に付けること，集団の中での役割を自覚した行動をすることなどを意味している。
③ 状況の変化への適切な対応に関すること：場所や場面への心理的な抵抗を軽減したり，変化する状況を理解したりして，状況の変化に適切に対応することを意味している。
④ 障害に基づく種々の困難を改善・克服する意欲の向上に関すること：自己の障害の状態を理解したり，受容したりして，積極的に障害に基づく種々の困難を改善・克服しようとする意欲の向上を図ることを意味している。

3）環境の把握

　この内容区分においては，保有する感覚を有効に活用するとともに，空間や時間などの概念を手がかりとして，周囲の状況を把握したり，環境と自己との関係を理解したりして，的確に判断して行動できるようにする観点から内容を示している。以下においては，この内容区分に示されている四つの内容のそれぞれについて，その意図するところを概観する。
① 保有する感覚の活用に関すること：保有する視覚，聴覚，触覚等の感覚を，人間行動に役立つように十分活用することができるようにすることを意味している。
② 感覚の補助及び代行手段の活用に関すること：保有する感覚器官を最大限に活用することができるようにするため，各種の感覚補助機器を活用したり，他の感覚や機器による代行が的確にできるようにしたりすることを意味している。

③　感覚を総合的に活用した周囲の状況の把握に関すること：保有する感覚やその補助具あるいは代行手段を総合的に活用して，情報を収集したり，環境状況を把握したりして，的確な判断の下に行動できるようにすることを意味している。
④　認知や行動の手がかりとなる概念の形成に関すること：ものの機能や属性に関する概念や，空間・時間などの概念の形成を図ることによって，認知の手がかりとして活用できるようにすることを意味している。

4）身体の動き

　この内容区分においては，日常生活や作業に必要な基本動作を習得し，生活の中で適切な身体の動きができるようにする観点から，内容を示している。以下においては，この内容区分に示されている五つの内容のそれぞれについて，その意図するところを概観する。

①　姿勢と運動・動作の基本的技能に関すること：日常生活に必要な動作の基本となる姿勢保持や上肢・下肢の運動・動作の改善及び習得に関すること，関節の拘縮や変化の予防，筋肉の維持・強化を図るための基本的技能に関することなどを意味している。
②　姿勢保持と運動・動作の補助的手段の活用に関すること：必要に応じて，種々の補助用具などの補助的手段を活用して，日常生活や学習に必要な各種の運動・動作を行うことができるようにすることを意味している。
③　日常生活に必要な基本動作に関すること：食事，排泄，衣服の着脱，洗面，入浴などの身辺処理に関する基本動作，書字や描画などの学習に必要な動作などを身に付けることができるようにすることを意味している。
④　身体の移動能力に関すること：自力での身体移動や歩行，歩行器や車椅子での移動など，日常生活に必要な移動能力の向上を図ることを意味している。
⑤　作業の円滑な遂行に関すること；作業に必要な基本動作を習得し，その巧緻性や持続性を高め，作業を円滑に遂行する能力の向上を図ることを意味している。

5）コミュニケーション

　この内容区分においては，場や相手に応じて，コミュニケーションを円滑に

行うことができるようにする観点から，内容を示している。以下においては，この内容区分に示されている五つの内容のそれぞれについて，その意図するところを概観する。

① コミュニケーションの基礎的能力に関すること：表情や身振り，各種の機器の使用などによってコミュニケーションが行えるようにするなど，コミュニケーションに必要な基礎的能力を身に付けることを意味している。

② 言語の受容と表出に関すること：話し言葉や各種の文字・記号等を用いて相手の意図を受けとめたり，自分の考えを伝えたりするなど，言語を受容したり表出したりすることができるようにすることを意味している。

③ 言語の形成と活用に関すること：コミュニケーションを通して，事物や事象，自己の行動等に対応した言語概念の形成を図り，体系的な言語を身に付けることができるようにすることを意味している。

④ コミュニケーション手段の選択と活用に関すること：話し言葉や各種の文字・記号，機器等のコミュニケーション手段を適切に選択・活用し，コミュニケーションが円滑にできるようにすることを意味している。

⑤ 状況に応じたコミュニケーションに関すること：場や相手の状況に応じて言葉遣いや態度を適切に保ち，主体的なコミュニケーションを展開できるようにすることを意味している。

(4) 自立活動の内容の示し方と教科の内容の示し方との違い

学習指導要領に示されている自立活動の内容は，具体的な指導内容そのものを示したものではなく，具体的な指導内容を構成する要素を示しているものであるととらえることができる。つまり，料理にたとえると，すぐに食べさせることのできる料理そのものを示しているのではなく，料理を作るための材料がカテゴリーごとに示されていると解釈することができるわけである。この点は，例えば小学校の教科の内容の示し方とは，かなり異なっているので，教科の内容の示し方と対比して，その違いを**表1**（次頁）にまとめてみる。

表の説明を少々付け加えたいが，話を分かりやすくするため，小学校学習指導要領に示されている第1学年の算数の内容と，自立活動の内容とを比較してみたい。

表1　教科の内容と自立活動の内容の示し方の違い

教科の内容の示し方	自立活動の内容の示し方
① 標準発達を踏まえている ② 具体的な指導内容そのものを示そうとしている ③ 標準発達をとげている児童には，すべての指導を行うことが前提である	① 標準発達に対応する考え方はない ② 具体的な指導内容の構成要素を示している ③ 示されている内容は必要に応じて選択するメニュー方式である

　第1学年の算数の内容は，6歳という標準発達を想定して，その発達段階に達している児童には，1年間でこれだけの内容を教えることができるという見通しのもとに設定されており，この学習指導要領の内容に基づいて，教科書が作成されているわけである。それに対して，自立活動の内容は，前述したように，人間としての基本的な行動を遂行するために必要な要素と，障害に基づく種々の困難を改善・克服するために必要な要素とを抽象レベルで抜き出し，それを五つの内容区分に分類・整理するという方法で示したものなので，標準発達という考え方には立っていない。

　また，第1学年における算数の具体的な内容をみると，例えば，「1位数と1位数との加法及びその逆の減法の仕方を考え，その計算が確実にできること」，「長さを直接比べること」等と示されている。これらは，児童に何を教えたらよいかがよく分かる表現である。それに対して，特殊教育諸学校の学習指導要領に示されている自立活動の内容は，例えば，「保有する感覚の活用に関すること」，「感覚の補助及び代行手段の活用に関すること」等と，非常に抽象レベルの高い示し方をしているので，これを見ただけでは，具体的にどんな指導をしたらよいのかがイメージできない。これは，前者の小学校第1学年の算数の内容が，具体的な指導内容そのもの（すぐ食べることのできる料理そのもの）を示しているのに対して，自立活動の内容は，具体的な指導内容を構成する要素（料理を作るために必要な材料）を示すという形式を取っているためである。

　さらに，小学校第1学年の算数に示されている内容は，6歳の標準発達を遂げている児童には，1年間ですべてを指導することを建前としているが，自立活動に示されている内容は，どの児童生徒にもすべて指導するということを決して意図していない。児童生徒の障害の種類や程度等は，一人一人異なるので，その子に必要な内容（料理の材料）を抜き出して，具体的な指導内容（食べさ

せることのできる料理）を設定しなければならないのである。したがって，学習指導要領に示されている自立活動の内容のうち，児童生徒一人一人についてみれば，取り扱わない内容があっても一向に差し支えないと考えてよいであろう。

2　具体的な指導内容の設定と留意点

(1)　学習指導要領に示されている内容と具体的な指導内容との関係

　学習指導要領の自立活動の内容には，前述したように具体的な指導内容（料理）を構成する要素（料理の材料）が示されているわけであるから，指導計画を作成する場合には，一人一人の児童生徒の障害の状態や発達段階，経験の程度などを踏まえて，必要とする要素（学習指導要領に示されている内容）を選定し，それらを相互に関連づけて具体的な指導内容を構成したり，逆に具体的な指導内容を選定した場合に，それに関連した要素を抜き出してその能力の向上を目指したりすることが求められている。

　例えば，具体的な指導内容として盲児童生徒に対する学校近辺の歩行指導を選定した場合について考えてみたい。盲児童生徒にとっての歩行は，当然のことながら，ただ単に足で歩くという身体の動きだけが関与しているわけではない。むしろ，安全に効率よく目的地まで歩くためには，いかに正確な情報を得るかが最も重要な点となる。つまり，環境の把握能力が非常に大切な役割を演じるのである。また，未知の場所へ盲児童生徒が一人で歩いて行って，目的を達成するためには，通りがかりの不特定多数の人々から必要な情報を提供してもらったり，ときには目的地まで案内してもらったりすることのできるコミュニケーションの技術も大切となる。さらに，こうしたひとり歩きの能力を一歩一歩獲得していくことで，心理的な安定も増すし，歩くことによって健康の保持にも寄与することができるのである。

　歩行を例に取って，具体的な指導内容（料理）と学習指導要領に示されてい

る内容（料理の材料）との関係をみたが，このように，歩行という一つの料理を作るには，多くの料理の材料が必要となる。歩行は，単に「身体の動き」の内容の区分に属するような単純なものではなく，「環境の把握」や「コミュニケーション」，あるいは「健康の保持」や「心理的な安定」とも大きくかかわっていることが分かるであろう。

こうした関係は，どの具体的指導内容を取り上げても言えることである。言語指導などは，一見「コミュニケーション」の内容区分に属する具体的な指導内容に違いないと思われるであろうが，これとて「コミュニケーション」の内容区分だけの材料ではできない料理である。なぜなら，言葉を指導するためには，単に言葉を提示するだけではなく，身体の運動・動作や身の回りの具体物の認知と結び付けた生きた言葉として提示していくことが求められるからである。つまり，「身体の動き」や「環境の把握」の内容の区分から，必要な要素を集めて，はじめて言語指導という料理を作ることが可能なのである。

学習指導要領の「第5章　自立活動」の指導計画の作成と内容の取り扱いにおいて，「〜第2に示す内容の中からそれぞれに必要とする項目を選定し，それらを相互に関連づけ〜」とあるのは，このことを示したものである。

以上みてきたように，学習指導要領に示されている自立活動の内容と具体的な指導内容とは，料理の材料と料理そのものという関係にあるので，学習指導要領に示されている自立活動の内容区分ごとに具体的な指導内容を設定して，指導を行うというとらえ方は，適切ではないという点を銘記しなければならない。

(2) 教師と児童生徒が共に納得のゆく具体的な指導内容

平成11年の学習指導要領の改訂において，自立活動は，児童生徒の主体的な学習活動への取り組みである点が強調されている。したがって，内容の選定に当たっては，児童生徒が興味と関心をもって積極的に取り組むことのできる具体的な指導内容の設定が，何よりも大切となる。教師は，「教え込む」指導法から，児童生徒が「学び取る」指導法へと，発想の転換が求められているのである。しかし，こうした指導法を考える前に，具体的な指導内容そのものに児童生徒が興味と関心を示すようにすることがまず大切となる。

従来,「養護・訓練」の指導においては,児童生徒の発達段階や障害の状態等の実態からみて,教師が必要であると判断した指導内容を設定する場合が多かったと思われる。その場合,教師にとっては納得のゆく指導内容であっても,児童生徒にとっては必ずしも納得のゆくものとは限らない。児童生徒が主体的に「学び取る」指導を目指すためには,児童生徒も納得できる具体的な指導内容を選定することがまず大切である。

　教師と児童生徒の双方が納得のゆく具体的な指導内容を選定するのは,それほど簡単なことではない。児童生徒の日常生活や学習の中から,そのニーズを的確にとらえ,それを具体的な指導内容として設定することが大切であろう。場合によっては,児童生徒や保護者とじっくり話し合って,具体的な目標と指導内容を設定する試みも必要である。

(3) 自立活動の具体的な指導内容と学校の全教育活動との関係

　自立活動の具体的な指導内容を選定する際,もう一つ注意しなければならないことは,日常生活上あるいは学習上の活動の制約や支障を改善するための指導は,本来,特殊教育諸学校の全教育活動を通して行われるべき性質のものであるという点である。しかしながら,全教育活動を通してこうした指導を取り上げるとしても,系統的,継続的あるいは専門的な指導ができにくかったり,見落としてしまったりする恐れのある内容もあり得るので,系統的・継続的・専門的な指導を行うことのできる特設された「自立活動」の時間が設けられているのである。

　したがって,日常的にあるいは教科等の指導を通して,十分に指導できるものまで,取り立てて特設された自立活動の時間に指導する必要はないといえる。自立活動に関する指導が,どこでどのように行われているか,あるいは行うことができるかを十分検討して,特設時間の指導とこうした教科等の時間における指導とを,有機的に関連させて指導していくことが望まれる。

　また,自立活動の時間における指導が,各教科や日常生活の中で強化されたり生かされたりすること,あるいは逆に,日常生活や各教科で学習したことをてこにし,自立活動の特設時間の指導が効果的に行われたりするという相互作用の関係にも心して,具体的な内容の設定を行う必要があろう。

(4) 自立活動の内容の多面性

　近年でこそなくなったが，養護・訓練が特殊教育諸学校の教育課程の編成領域の一つとして位置づけられた当初，この領域の目標や内容をどのように受けとめたらよいか，なかなかつかめないため，「養護・訓練はまるで化け物みたいだ」という声が聞かれた。最近においても「つかみどころのない領域」であると感じている教師は，案外多いのではなかろうか。

　自立活動と名称が変わっても，領域の性格は，「養護・訓練」のそれを受け継いでいる部分が多いので，この領域がなぜ化け物扱いされたり，つかみどころのない領域と感じさせたりするのか，指導内容という側面からその背景をさぐってみる必要があるように感じる。化け物扱いされたり，つかみどころのない領域と感じさせたりする主な理由は，およそ次の３点に集約することができる。

　その第一は，「声はすれども姿が見えぬ」というもどかしさがあるという点である。つまり，「養護・訓練」にしろ「自立活動」にしろ，その内容があまりにも大きくかつ深いため，「大切だ大切だというかけ声は聞こえても，大海に漕ぎだした小舟のように，どの方向に指導を進めればよいかさっぱり検討がつかない」といった状況があるためである。

　その第二は，指導の糸口がなかなか見つからないという点である。一人一人の児童生徒をみると，あれもこれもと指導しなければならない具体的な指導内容が非常に多く目につくが，どこから手を付けていいのかなかなか分からない。例えば，手や指の操作能力に問題のある児童の場合，対症療法的な指導を試みても，あまり効果が現れない。糸のもつれのようにそれを解きほぐす糸口がなかなか見つからず，むやみに糸を引っ張ると，ますます発達という糸のもつれは著しくなるようにさえ思われてくる。そのため，児童生徒に対する指導も足が地につかず，ふわふわしていてまるで化け物みたいだというわけである。

　第三は，「養護・訓練」にしろ「自立活動」にしろ，多様な側面をもっているという点である。例えば，自立活動で言語の基礎的指導を取り上げた場合，国語と非常によく似た側面があるし，作業の基本動作に関連した指導は技術・家庭，運動や動作に関連した指導は体育等と，それぞれ教科に似た側面をもっ

ている。また，礼儀作法とか整理・整頓とかの具体的な指導内容を取り上げると，道徳に似た側面を，移動教室などの行事とからめた指導を取り上げれば，特別活動に似た側面をもつといった具合である。

さて，近年においては，この領域に関する指導の実践研究も進み，これが実施された当時に比べると，具体的な指導内容や方法が，明確になりつつあるため，化け物扱いする教師はいなくなってきた。しかし，化け物的な要素がなくなったわけでは決してない。現在でも研究会における発表や意見交換を聞いていると，この領域のとらえ方が学校や個人間でかなり異なることをしばしば感じる。今回（平成11年）の学習指導要領の改訂で，「養護・訓練」から「自立活動」へと名称変更がなされ，児童生徒の主体的な活動が強調されたが，その本質が変わったわけではないので，本質をしっかりと見据え，化かされないようにしなければならない。

自立活動は，児童生徒が自立を目指し，障害に基づく種々の困難を改善・克服するために必要な知識，技術，態度，習慣を培うことを目標とした膨大な内容を含んでいるため，「なんでもできる自立活動」という受けとめ方がなされる場合も多いわけであるが，自立活動の本質をしっかりと見極めたうえで，それにふさわしい具体的な指導内容を吟味しなければ，「なんでもできる自立活動」が「なんにもならない自立活動」になりかねない危険性をはらんでいる。

自立活動の指導は，一人一人の児童生徒の心身の障害の状態や発達段階に即して，主体的に取り組むことのできる具体的な指導内容や方法を吟味すべき領域であり，それだけに教師の創意・工夫に待つ部分が大きいといえる。ここに高い専門性が要求されるゆえんがある。自立活動を担当する教師は，この領域の正体をしっかりと見極め，化け物的要素をもったこの領域に振り回されないよう，専門性の研鑽に努める必要があるといえる。

〔香川邦生〕

◆参考文献
文部省：『盲学校，聾学校及び養護学校幼稚部教育要領』，大蔵省印刷局，1999年
文部省：『盲学校，聾学校及び養護学校小学部・中学部学習指導要領』，大蔵省印刷局，1999年
文部省：『盲学校，聾学校及び養護学校高等部学習指導要領』，大蔵省印刷局，1999年
文部省：『盲学校，聾学校及び養護学校学習指導要領解説　自立活動編』，海文堂出版，2000年
香川邦生編：『視覚障害教育に携わる方のために』，慶應義塾大学出版会，2000年

第4章 ❖ 個別の指導計画の作成

――――――――――――――――――――――――――Chapter 4

1 個別の指導計画作成の意義

(1) 個別の指導計画とは

　個別の指導計画が「個に応じた指導計画」であることは，確かである。しかし，これは，「集団指導」に対する「個別指導」の計画を指すものではない。
　的確に把握した，障害のある児童生徒一人一人の実態に基づき，指導課題を明らかにし，個々人にとって最も適切な指導を行うために立てられた「計画」が，個別の指導計画である。しかし，個別の指導計画は，「計画」そのものを指すことに留まらず，個に応じた指導の「実践」をも包含した，全体的，包括的なもののことである。
　個別の指導計画についての説明は，平成10年よりも前のことであれば，以上で十分である。ところが，文部省は，平成11年3月に，「盲学校，聾学校及び養護学校小学部・中学部学習指導要領」(以下，学習指導要領に統一)の改訂と平成14年度からの施行を告示し，この学習指導要領において，「個別の指導計画」を新たに提示したのである。
　個別の指導計画は，学習指導要領の「第1章　総則」ならびに「第5章　自

立活動」に次のように記載されている。「第 1 章　総則　第 2 節第 7　指導計画の作成等に当たって配慮すべき事項」には，「重複障害者の指導に当たっては，個々の児童又は生徒の実態を的確に把握し，個別の指導計画を作成すること」とある。また，「第 5 章　自立活動　第 3　指導計画の作成と内容の取扱い」には，「1　自立活動の指導に当たっては，個々の児童又は生徒の障害の状態や発達段階等の的確な把握に基づき，……個別の指導計画を作成するものとする」と記されている。したがって，平成 11 年度 4 月以降，心身に障害のある児童生徒の教育においては，個別の指導計画と言えば，具体的には，この「個別の指導計画」を表す，と受けとめる必要がでてきた。

(2)　教育課程と個別の指導計画との関係

　教育課程とは，学校が，子どもたちに対して，何を，どのような順序で教えるか，すなわち，教育内容に関する総合的な計画のことを指す。教育課程は，日本においても，原語がそのまま使われ，「カリキュラム」と表現されることもある。また，個別の指導計画の類義語に個別教育計画がある。場合によっては，個別教育計画は，個別の指導計画の同義語，と見なされることもある。

　いずれにせよ，個別の指導計画と個別教育計画の両方に「計画」が共通して含まれており，よって，その計画に基づく実際の取り組みが論じられる際には，これらと「教育課程」との関係が明らかにされる必要がある。

　さて，我が国の学校では，教育課程が，二つの意味に使い分けられている。一つは，学校における全学年，全領域，全教科の内容に関する，年間を一つの単位とした全体計画のことである。そして，もう一つが，そのなかの一部分に当たる計画を指し，学年，学期，月，週，日，授業時間，あるいは各教科，各領域ごとの，より詳細な計画を表す。こうしたなか，我が国の行政慣行としては，前者のみが教育課程と呼ばれ，後者については，指導計画と名付けられ，区別がなされている。このように，我が国の教育課程は階層構造をなしており，そのために，縦横の有機的な連関が重視されている。これらは，個別の指導計画に沿って指導に取り組む教師等も，銘記しておかなければならないことがらである。

　教師は日々の授業づくりに忙殺され，ややもすると，教育活動が，各教科，

各学年，あるいは単元ごとに分断され，孤立化させられがちである。しかし，教育が目指すのは，何年もの時間を費やして，様々な学習活動の全体を通し，児童生徒の全人的な発達を促すことである。よって，上述される教育課程と指導計画との関係性に基づき，毎日の取り組みが教育課程という観点から構造的に把握され，領域と時間という両面における活動相互の関連に注意が払われる必要がある。このように，児童生徒の発達に対する教育的支援を，教師が長期的な展望に立ち，また支援全体を一つの視野に収める中で，とらえることが大切である。

　学習指導要領の「第5章　自立活動」の第3には，「2　指導計画の作成に当たっては，各教科，道徳，特別活動及び総合的な学習の時間の指導と密接な関連を保つようにし，組織的，計画的に指導が行われるようにするものとする」との文言もあり，教師の脳裡にはこれらが刻み込まれる必要がある。

(3)　個別の指導計画に含まれる要素

　学習指導要領の第5章，第3には，「指導計画の作成と内容の取り扱い」についての記述がある。そこでは，「自立活動の指導に当たっては，個々の児童又は生徒の障害の状態や発達段階等の的確な把握に基づき，指導目標及び指導内容を明確にし，個別の指導計画を作成するものとする」と明記されており，個別の指導計画に含まれる諸要素が，この一文で，ほぼ言い尽くされている，と考えられる。

　まずは，「障害の状態や発達段階等」が，的確な把握に基づいて，個別の指導計画に記載されなければならない。児童生徒本人のことに留まらず，家庭や地域社会など，環境についてのアセスメントを行うことに努め，結果を「障害の状態や発達段階等」の後に続けて記載することも重要である。環境アセスメントの結果も，自立活動の指導に対して，有力な手がかりを与えよう。さらに，保護者のニーズ，願い，要望などが教師に伝えられていれば，それらを一緒に書き留める必要がある。

「指導の目標」は，次に挙げられる要素である。これは，学習指導要領によれば，長期的及び短期的な観点という二つの観点に立脚して設定されるものである。学習指導要領には，ただ「長期」「短期」とあるだけで，それぞれ，具体

的にどれだけの期間を指すのか，明示されていない。長期とは「1年間」を，短期とは一つの「学期」を表すものととらえるのが至当であろう。「1年間」，「1学期間」，それぞれの期間内で，達成できると予測できる目標を設定することが大切である。なお，指導目標の設定の根拠が，障害の状態や発達段階等にあることは言うまでもない。

個別の指導計画とは，要するに「指導計画」のことであるのだから，「指導内容」を示すのは極めて当然なことである。「指導内容」には，それらの内容を児童生徒にいかに提示し，どのような方法を用いて指導するのか，といった指導方法に関するものも含まれている。指導で使われる教材や教具についても，「指導内容」に記載されるべきものである。
「児童又は生徒が興味をもって主体的に取り組み，成就感を味わうことができるような指導内容を取り上げること」（第5章　第3　1(2)）や「個々の児童又は生徒の発達の進んでいる側面を更に伸ばすことによって，遅れている側面を補うことができるような指導内容を取り上げること」（第5章　第3　1(4)）との記述もあり，これらについては，特記事項として，必ず書き入れておく。

上記のことがらに付随し，児童生徒が「興味を示す事象や事物」及び彼らの「発達の進んでいる側面」なども，「実態把握」の欄に併記しておくことが大切といえる。
「評価」の方法，手続きも，個別の指導計画の必須な要素の一つである。これらとともに，「評価基準」を示しておかなければならない。なぜならば，客観的な評価が行われるためには，評価基準が必要とされるからである。

以上のほかに，指導計画には，作成のみならず，それに基づく実践には，複数の教師がかかわっており，指導の役割分担，協力体制，責任の所在などが，明記される必要がある。

(4)　個別の指導計画と保護者のコンセンサス

今日の日本において，医療を中心に，「インフォームド・コンセント（説明と合意）」が，人権尊重上重要な概念として普及しつつある。ところで，コンセンサスとは合意を意味する英語である。ここでは，重要な情報提供に基づき説明がなされ，得られた「合意」のことと規定する。よって，コンセンサスは，

インフォームド・コンセントとほぼ同義と見なすことができよう。

　障害のある児童生徒の指導の成否を握るものの一つに，保護者と学校（教師）との連携が挙げられる。ただし，連携は，このコンセンサスを前提にする。つまり，学校側より，児童生徒の指導について十分な説明がなされた結果，保護者は，指導に対して理解を深め，提案された指導に同意することから連携が図られる。説明とは，指導目標がいかにして設定されたか，指導によってもたらされる成果は何か，等々に関してなされる。

　なお，保護者のコンセンサスは，できるだけ専門性を排し，平易な言葉を用いて説明することによって得られる。また，教師が，個別の指導計画の作成の過程で，保護者のニーズや意向にも耳を傾け，願いを尊重する姿勢を貫くことが，コンセンサスの形成に寄与するものである。

2　個別の指導計画作成の手順

(1)　実態把握

　個別の指導計画の作成に際して，認知，運動，言語・コミュニケーションの各能力，また，身体の発育や健康状態，情緒や情動の側面（社会性，対人関係等も含む）に主眼が置かれ，実態把握が行われる。

　まず，これらに関して，機能水準が，児童生徒の生活年齢相応のところにあるのか，それ以下であるかが調べられる。これらの水準が低い場合に，それが，発達的な遅れに因っているからなのか，あるいは発達的な偏りの結果として表れたものであるのかが明らかにされる。また，上記の，諸能力，諸側面がバランスよく発達しているのか，発達にバラツキが見られるのか，ということを把握しておくことも，指導計画の作成には必要なことである。

　認知能力や言語能力の発達の程度は，各種の心理検査による測定からとらえられる。ただし，これらの標準化された心理検査は，基準に準拠（norm-referenced）した測定であるので，この種の検査結果は，母集団における，被

検者の平均的な水準からの偏倚を示す。これらの検査の結果は、発達の程度を教えてくれるものであり、この点で、指導目標を設定し、指導内容を選定する際の、一つの目安を提供してくれる。

行動観察によっても、実態把握が行われる。とくに、児童生徒の社会性、対人関係、またADLに集約される日常生活における身辺処理能力などの行動をとらえるのに、行動観察は力を発揮する。これらの行動が、どこまで、またどれだけ形成されているか、あるいはまた、実際に適切に遂行されるか、といったことが行動観察により明らかにされる。行動観察の結果も、指導目標の設定に役立てられ、さらに指導内容を決める根拠として用いられる。

行動観察は、たいていの場合、目標準拠（criterion-referenced）の測定に分類される。指導目標に照らし、どこまで達成されているかを測定するのが、目標準拠の測定である。具体的には、例えば、「排泄」の自立（これが目標）が、どこまで達成されているかを詳しく知ることである。目標準拠の測定結果は、指導目標の設定に直接利用される。

困難や障害など、児童生徒の弱い部分（weakness）をとらえるだけでは、個別の指導計画の実態把握としては十分ではない。個人内において、比較的良好な発達を遂げている、もしくは優れている能力やスキル（強い部分＝strength）も、困難や障害と併せて把握することが重要である。学習の意欲を高める、自己有能感を引き出す、また学習効果を上げる等により、強い面に着目し、それらを活用することの有効性が知られているからである。

このほかに、医学的な情報（主として、医師らにより集められたもの）、また入学前の、保育や教育に関する情報（保育機関や他の教育機関において行われた記録）の収集に当たることも、実態把握の一環である。さらには、環境アセスメントが行われ、児童生徒が居住する、もしくは児童生徒を取り巻く地域社会の人々の暮らしぶり、あるいはそこに存在する資源などについての調査も、実態把握に含めたい。

(2) 目標の設定

長期目標及び短期目標は、現在の実態把握を基に設定される。通常は、最初に、1年間という指導期間を見通して、指導目標が設定される。これが、長期

目標である。次に、長期目標から下ろされてくる短期目標が設定される。各学期に合わせて分割して、学期ごとに再設定した目標が短期目標である。このように短期目標を立てることにより、段階的に達成を図り、このことを踏まえ、1年間をかけて、最終の長期目標に到達させることを意図した指導が行われる。

基本的には、発達に遅れがある、発達に偏りが見られる、あるいは学習上の困難やつまずきを示すこと等に注目され、それらの改善や克服を果たすべく指導の目標が立てられる。

しかし、障害児の指導に従事する者にとっては、児童生徒の長所（個人内差としての、強いところや発達しているところ）にも、目を向けることが重要なことである。これは、次の理由に基づく。長所活用型の（得意な面に働きかけ、さらにそれを伸ばすことを目指す）指導は、児童生徒たちに強い力を使って学習に取り組ませることから、比較的容易に課題解決を図ることができる。この結果、児童生徒たちに達成感や成就感が生まれ、彼らに自信をつけさせたり、学習に意欲をもたせたりするのに役立つ。

さらには、次のような考えに基づく指導を導く。例えば、視覚による弁別能力は高いが発語の見られない児童に対して、身振り動作やサインによる意思表示、あるいはまた、写真や絵カードを媒介にした意思伝達を促し、コミュニケーション機能の獲得あるいは向上を図る、といった指導である。

目標は、児童生徒たちにも分かるように表現されて、設定されるべきである。指導目標がなぜ設定されたのか、児童生徒や保護者にも告げられ、必要に応じて、その設定理由が、納得のゆくように説明されることが重要である。

(3) 柔軟な個別の指導計画の必要性

短期目標について、予定の期日よりも遙か以前に、達成が図られることがある。この場合、目標は、設定し直される。ときには、新たな目標が追加して設定される。

これとは反対に、予定された期間内に、目標に到達できないことがある。このことについては、様々な理由が考えられる。設定された短期指導目標が高すぎた、準備された指導内容が適切であるとは言えなかった、さらに、採用された指導方法が、指導目標や内容から見てふさわしいものとは言いがたかった、

等々である。こうした可能性が考えられるので，指導の目標，内容，また方法に関し，児童生徒の反応や行動を通して，その「適否」が指導期間中，随時検討される必要がある。「不適」と判断されたら，できるだけ早い時期に，指導目標はもとより，指導内容や指導方法が改められるべきである。

指導目標は，指導が完結されるまで，仮説の域に留まっているものである。したがって，不断の検証が必要であり，適切さや妥当性について疑わしいことが明らかにされた場合には，修正をためらうようなことがあってはならない。こうした努力を積み重ねることが，児童生徒のニーズに的確に応える指導を保障するものである。

以上のことに加え，自立活動の指導は，各教科や他の領域の指導との関連性が重視されていること，また自立活動の指導に複数の教師がかかわっている（場合によっては，医師や療法士などの専門家が参画する）こともあるので，個別の指導計画が固定的で融通性に欠けると，指導が成功しないことも予想される。

児童生徒の進歩は，評価によって，はじめて，しかも正確に知ることができる。評価が適正に実施され，児童生徒の進歩が確認されたことをもって，個別教育計画は完結する。

「進歩」が伝えられることによって行動が強化されることについては，障害の有無は関係ない。児童生徒は，努力が報われたと思い，うれしく感じることだろう。できたことが自信を深めることになり，さらには，これがきっかけで，次なる学習の動機づけとなることも期待される。

教師自身，評価結果より，設定された目標が妥当なものであったかどうか，また，行われた指導が適切であったかどうか（指導方法，教材・教具も含む），指導を反省することが重要である。そしてさらに，教師は，反省されたことを翌年に活かし，螺旋階段を昇っていくように，指導を展開させていくことが期待されている。

(4) 個別の指導計画の配慮事項

教師にいたずらに多くの労力や時間を費やすことを強いることのない，「個別の指導計画」の作成を目指したい。

個別の指導計画には，指導に不可欠な情報は細大漏らさず網羅される必要がある。適切な指導の実践のために，実践に直接関係し，役立つ事項は，一つ残らず記載されなくてはならない。適切な指導を行うには，あるいは，効果的な指導を展開するには，何が必要かという観点から，個別の指導計画の書式と記載される事項が決定されるべきである。

　個別の指導計画における，記載事項の書き表され方も，簡明であることが重要である。これは，当該児童生徒の指導を分担する別の教師が個別の指導計画を閲読することを念頭に置いて，強調されることである。

　盲，聾，養護学校においては，複数の教師によるティーム・ティーチングが教授過程において重要な位置を占めるようになってきている。したがって，指導に関して，教師同士の共通理解に寄与するものであることも，個別の指導計画の要件である。教師は，指導計画が極度に専門に偏することがないよう注意を払い，他の教師の，さらには保護者らの理解を難しくする専門用語の使用を極力控える必要がある。

　個別の指導計画は，指導の発展にともなってリレー式に次から次へと引き継がれる公的な文書である。個別の指導計画を通して，盲，聾，養護学校において実践される「自立活動の指導」に関し，小学部（学校によっては幼稚部）から高等部にかけて，正規の指導としての連続性や系統性が保持され，自立活動の指導が有機的，体系的な展開を遂げる，と考えられるからである。

　盲，聾，養護学校の各学部の独自性が尊重されるのは重要なことであるが，そのうえで，学部間の連絡，調整を密にし，指導計画の書式や用語等に関してコンセンサスが得られるように努める必要がある。　　　　　　　（篠原吉徳）

3　児童生徒の実態把握

(1)　実態把握の基本的視点

　個々の幼児児童生徒の実態把握は，すべての教育活動に必要なことである。

自立活動の指導に当たっては，個々の幼児児童生徒の実態の的確な把握に基づいて，個別の指導計画を作成するためにとくに必要である。

　幼児児童生徒の障害の状態は，一人一人異なっている。自立活動では，それぞれの障害に基づく種々の困難を主体的に改善・克服することを目標にしているので，必然的に一人一人の指導内容や指導方法も異なってくる。そのため，幼児児童生徒の実態の的確な把握が求められている。ここに実態把握の目的があり，実態把握の内容やその範囲は指導の目標に応じて明確に整理されなければならない。さらに，実態把握に用いられる方法，指導と実態把握の関係，専門家との連携についても十分な理解が必要である。これらに関する具体的な事柄に入る前に，まず最初に実態把握の具体的視点について述べる。

1) 多面的総合的視点

　障害は，impairment（生理学的レベルの障害，機能不全や形態の損傷），disability（能力レベルの障害，能力の障害。新モデルの activity に対応），handicap（社会的レベルの障害，社会的行動的不利。新モデルの participation に対応）の三つに大別され，このうち教育の対象となるものは主に disability である。しかし，障害児の場合には，医学的側面からの実態把握（impairment に関するもの）や子どもを取り巻く生活環境の実態把握（handicap に関するもの）も併せて行う必要がある。前者は障害の一次的要因に関係するものであり，主障害や随伴障害の種類やその病因などについて医療側から正確な情報を得ておかなければならない。後者は，とくに訪問教育の場合に不可欠な視点であって，障害の悪化や改善に関与する環境的要因（例えば家庭環境）を特定するうえで重要である。

　このように，障害を三つのレベルから多方面に，かつそれらを相互に関連づけながら，自立活動の指導によって，子どもの障害の状態の改善あるいは発達や行動上の変化が期待しうる面（主として disability）に焦点を当てた総合的視点からの実態把握が大切になる。このような視点は，二次障害や学習の般化についても貴重な示唆を与える。

2) 横断的視点と縦断的視点

　横断的視点とは，現時点での実態をとらえる視点である。これに対して，縦

断的視点とは，現在に至るまでの経過，すなわち生育歴，訓練・指導歴，これまでの生活環境など，過去にさかのぼってその時々における実態を把握し，時系列でとらえる視点である。現時点における子どもの実態に焦点を当てながらも，縦断的視点を導入することによって，診断が下された時期，その後なされた訓練や指導，現在までの生活環境，子どもの発達や行動の変化などを知ることができ，現在の障害の形成過程とそれに関与する要因を推定しうる情報が得られる。加えて，子どもの将来の発達的な見通しに関する手がかりが得られやすくなり，長期的な観点からの指導目標を設定するうえでも役に立つ。

3）全人的発達の視点

自立活動の究極の目的は全人的発達を促すことであるから，実態把握もこうした視点からなされる必要がある。この場合，次の二つが考えられる。

一つは，子どもの発達の全体像をとらえるという視点である。重度脳性まひ児を例にとると，主障害である運動発達面だけでなく，言語，認知，情緒，対人関係，身辺処理など精神発達面や健康面など，あらゆる側面にわたって実態把握を行う必要がある。もう一つは，主障害である運動の障害と他の領域における発達との関連性を考慮して行うという視点である。重度脳性まひ児に見られる姿勢の異常を，手足の運動や動作の障害に限定して実態把握を行うのではなく，呼吸，口腔機能，視覚や聴覚といった感覚機能，コミュニケーションと関連づけて実態把握を行わなければならない。

4）発達レベルの把握と個人内差異の視点

発達レベル（発達水準）の把握は，個人間差異に着目したとらえ方である。これにとどまらず，個人内差異に着目した実態把握を行う必要がある。これには，同一個人の発達の諸側面や能力の凹凸を横断的にとらえる場合と，それらの変化を追跡して縦断的にとらえる場合とがある。前者の視点は，発達の諸側面の凹凸が著しい障害児に対して不可欠な視点である。これによって，その子どもの発達の強い面と弱い面を明らかにして，強弱両面をどのようなバランスをもって指導すべきかについての手がかりが得られる。また，後者の視点は，その子どもが発達の伸長期か頂上期か下降期かを推定するうえで有効である。

5) 発達の量的及び質的視点

　一般的には，障害児は健常児と類似した発達の順序をたどるという発達順序類似仮説が妥当なものと考えられている。発達の遅れという場合，それは健常児の標準的な発達に比べて速度が遅い，すなわち量的な遅れを指しており，4)で述べた発達レベルと関係している。

　これに対して，健常児の発達には見られない質的な違いが障害児の発達には認められ，これを発達の偏りと称することがある。例えば，重度脳性まひ児に認められる姿勢や運動の異常なパターン，重度自閉症児に見られるエコラリヤやスピーチの消失などの言葉の異常，自己刺激的行動や多動など行動面の偏りである。これらは障害特性と称されることがある。障害児は発達の遅れと偏りが複雑にからみあっているので，発達を量的及び質的な両面からとらえる視点が重要である。加えて，発達過程のたどり方も個人差が大きいので，一人一人に固有の発達過程があることを念頭に置きながら，実態把握を行う柔軟性が要求されよう。

6) 肯定的視点

　5)で述べた発達の遅れや偏りに目を奪われるあまり，その子どもの中に何が育とうとしているのか，外界（人や物など）に対してどのような興味や関心があるかといった肯定的視点からのとらえ方が忘れがちになる。障害児は決して受動的学習者（passive learner）にとどまる存在ではなく，能動的学習者（active learner）であり，自ら環境とかかわり，その子にふさわしい法則性をもって主体的に発達を遂げていくものである。肯定的視点からの実態把握を可能にする発達の見方の一つは，縦の発達ではなく横の発達に着目することである。縦の発達とはより高次の発達水準への移行を意味する。一方，横の発達とは，その発達水準にあるすでに獲得された行動が豊かになったり確実になったりする行動の変化を指し，その行動自体の横の広がりを意味する。横の発達は縦の発達の基盤となり，やがてはそれにつながっていく。また，肯定的視点からの実態把握は，短所改善型指導ではなく，長所活用型指導へとつながっていく。

(2) 実態把握の範囲と内容

　実態把握の内容としては、学習上の配慮事項や学力、基本的な生活習慣、特別な施設・設備や教育機器の必要性、興味・関心、人や物とのかかわり、心理的な安定の状態、コミュニケーションの状態、対人関係や社会性の発達、身体機能、視機能、聴機能、知的発達の程度、身体発育の状態、病気の有無、生育歴、障害の自覚に関すること、進路、家庭や地域の環境など様々なことが考えられる。このなかには、自立活動の内容区分や項目として示されているものも含まれている。一般に、実態把握のねらいと指導のねらいが一致していればいるほど、実態把握と指導は一体化した形で展開されていく。この点からすると、学習指導要領に示されている自立活動の内容（五つの区分と 22 の項目）を念頭に置きながら実態把握を行う必要があろう。

　しかし、自立活動の内容は、人間としての基本的な行動を遂行するために必要な要素と、障害に基づく種々の困難を改善・克服するために必要な要素を分類・整理したもので、実際の指導を行う際の「指導内容のまとまり」を意味しているのではない。したがって、幼児児童生徒一人一人の障害の状態によって、実態把握の範囲は異なってくる。

　例えば、同じ病弱養護学校に在籍する児童生徒であっても、気管支喘息などの慢性疾患児、筋ジストロフィー児、重度・重複障害児では、実態把握の範囲や内容にはかなりの相違がある。範囲について言えば、一般的には、慢性疾患児には「健康の保持」、筋ジストロフィー児は「身体の動き」を中心に、比較的狭い範囲に限定して実態把握を行えばよいが、重度・重複障害児の場合には第 6 章の 1 に示すように、五つの区分にわたる広い範囲から実態把握を行わなければならない。また、一口に筋ジストロフィーといっても、その実態は一人一人異なっているので、実態把握の内容についても適切に選択する必要がある。

(3) 実態把握の方法

　実態を把握する方法としては、観察法、検査法、面接法などの直接的な把握の方法が考えられるが、それぞれの方法の特徴を十分に踏まえながら、目的に

即した方法を用いることが大切である。また，教育的立場や心理学的な立場，医学的な立場，保護者など第三者からの情報による実態把握も貴重である。

1）観察法

ア　自然的観察法

　観察者が子どもの行動に意図的な統制を加えずに，ありのままの自然な姿を観察するので，これを自然観察法と呼ぶ。実験的観察法が人為的操作を加えた特別な設定場面での行動を対象として観察するのに対して，これは日常的な場面で生起する行動を対象とする。

　親や教師による日常的な観察も自然観察法に入る。発達が未分化であるほど，子どもは場面やそこに居合わせる人の影響を受けやすいので，ありのままの姿をとらえるには設定場面の観察では限界がある。指導場面で観察される行動と親が報告する行動との間にくいちがいが生ずる場合もある。

　自然観察法にも，気づいたときに任意に観察する偶然的観察法と，特定の目標のもとに計画的に観察する組織的観察法とがある。偶然的観察法は手軽ではあるが，気づいたときだけ観察するので行動と場面の関係や時間的変化が見落とされがちであるために，情報にゆがみが生じやすい。組織的観察法は，十分な計画を要するので手間がかかるが，資料を効果的に利用できるので，教育指導に携わる者は組織的観察法によるのがよい。

イ　実験的観察法

　実験的観察法は，条件操作によって特定の行動を人為的に誘発しあるいは変化させるので行動の決定因を決めやすい。例えば，自発的行動の乏しい寝たきりの子どもに，どの玩具を指導の中で用いたらよいかを決定するためには，視覚，聴覚，触覚などに訴えるいくつかの玩具を提示してみて，その子どもがどのように反応するかを観察すればよい。

　観察は次の手順で行う。

- どのように意図的統制を加えるかを決める。
- できるだけ厳密な条件下で実施する。
- 生起した子どもの反応を詳細かつ客観的に記録する。

ウ　観察に用いる記録方法

① 行動描写法（逸話記録法）：行動のすべてを生じた順序に記録し，後で目

的に応じて整理する方法。これを積み重ねた記録が日誌法である。事実と解釈を混同して記録しないように注意を要する。
② チェックリスト法：観察項目を事前に表にしておいて，該当する行動が現れたら，その項目をチェックする方法。観察することが決まっている，特定の行動の頻度や程度を知る，量的に結果を処理する，といった場合に都合がよい。
③ 時間見本法：時間を区切って観察する記録法で，②のチェックリスト法と組み合わせることが多い。
④ 評定尺度法：事前に段階づけをしておいた観察カテゴリーによって，段階評定を行う方法。記述尺度と図式尺度があるが，3ないし5段階評定が多い。
⑤ 図示法：子どもの空間的位置，移動，対人関係などを線や矢印で図示する方法。
⑥ 機械的記録：VTRやテープレコーダーなどの機械を利用する方法。

2) 検査法

これは，発達，知能，学力，性格，適性などの特性の内容やその程度を明らかにするために，一定の条件の下で一連の問題や作業を課して，その成果を所定の観点から質的または量的に記述する体系的な手続きをいい，この種の検査法はいわゆる「標準検査」によって代表される。標準検査は，検査の妥当性，信頼性，実施方法などに関して必要な諸条件を満たしていなければならない。これらの標準化の手続きを経ていない検査，例えば，学力や発達などに関する教師自作の諸検査は，非公式の検査として標準検査とは区別されている。この場合は，簡易式の検査が多く，実施や評価に関する基準などの条件も緩やかである。

標準検査を採用するか，非公式検査を採用するかは，何のためにどの検査を使用するかを検討することによって決まってくる。また，第6章の1の記述にあるように，心理検査には，集団基準準拠型検査と指導目標準拠型検査があるが，指導に結び付く後者の検査を活用すると効果的である。

健常児を対象とした標準検査の検査内容や検査方法の中には，障害児に対して必ずしも適切であるとはいえないものもある。例えば，視覚障害児に対して図形や絵に関する検査は不適切であり，運動障害児に対する作図や描画の作業

課題も障害の程度によって不適切である。その検査によって何を明らかにしたいかという検査目的を明確にする。健常児の標準的な発達段階との照合によって健常児との差を明らかにすることを目的とするなら，修正を加えない同一の検査手続きによって実施する。この場合の結果は，明らかに不利な結果が得られるが，その不利をどのように解釈するかが問題となる。例えば，健常児よりも劣っているあるいは遅れていない側面は何であるかを明らかにしようとするのか，この差を解消するための到達目標の指標とするのか，それとも障害克服の可能性を予測する目標として活用するのかなど，種々の目的が考えられる。

次に，障害に不適切な内容や方法を修正して，その検査結果を実施した場合，例えば，時間制限の延長や内容の代替を行ったとしたら，その下位検査の得点は標準検査のノルム（基準）とは比較できない。また，代替問題の等質性の確保も厳密には困難である。したがって，検査の使用目的，方法，結果の解釈などについて事前に十分に検討したうえで実施することが大切である。

3）面接法

検査法や観察法では把握できない情報，例えば，日常の生活場面における子どもが示す行動を知りたいときは，子どもを熟知している親や関係者から面接法によって必要な情報を入手する必要がある。指導内容が指導場面と日常生活場面との間で関連性をもっているかなどを確かめるために，面接者とのラポート（信頼関係）の形成と維持を図りながら，情報を入手するように枠付けした面接の進め方が求められる。このような調査的な内容を多く含むことから，面接法は，面接・調査法と呼ばれることもある。

面接法は，教師と児童生徒または親などとの直接的な人格の接触により，観察法では得られない相互理解の深化が利点とされているが，教育現場における使用頻度や活用の状況は多くないといえよう。しかし，必ずしも学級担任が自立活動の指導を担当するとは限らず，担任の交代などの事情を考えるならば，面接・調査によって得られる情報の収集と整理は必要である。とくに，家庭環境，交友関係，生育歴，治療歴，相談歴などの情報は蓄積され，診断や指導に有効に活用できる形に整理されなければならない。担任が代わるたびに同じような内容の調査や面接が繰り返されては時間の無駄であり，保護者もたいへんである。学校における指導要録のように，その保管や守秘が明らかになってい

ないこれらの調査記録や面接記録の守秘性と，指導に活用する公開性をどのように確保するかも，この方法の結果の処理としては重要な要件である。

また，特殊教育諸学校の特徴である長期間の在学は，面接法の活用の少なさやその資料の蓄積・活用にやや難点が見られるので，こうした側面についても，記録様式の統一や累積記録のできる方法を確立することが大切である。

(4) 指導と実態把握の関係

幼児児童生徒の実態把握が十分に行われないと，個別の指導計画が作成できないというわけではない。その時点で収集した実態把握に基づいて個別の指導計画を作成し，それに基づく指導を通して，さらに実態把握を深化させ，個別の指導計画を修正していくという柔軟な対応も大切である。極端な例であるが，年間の半分以上をチェックリストによる実態把握に充て，やっと指導計画を作成したら年度末になっていたという例もある。あくまで指導のための実態把握であって，実態把握のための実態把握であってはならない。指導計画に反映できない実態把握なら実施しない方がましであるとさえ言える。

(5) 専門家との連携

自立活動の内容は，五つの内容区分ごとに，4～5項目ずつ計22項目からなっている。これらに関する実態把握においては，次のような専門家との連携が考えられる。「健康の保持」に関しては医師や看護婦など，「心理的な安定」および「環境の把握」に関しては臨床心理士や学校心理士など，「身体の動き」に関しては理学療法士や作業療法士など，「コミュニケーション」に関しては言語聴覚士などと，相互に幼児児童生徒に関する情報交換をするなどして実態把握に反映させる必要がある。例えば，保育士や指導員，もっと広くいえばケースワーカーなどからも，必要な情報を得て的確な実態把握を行い，教育指導に生かすことが大切である。また，専門家ではないが，親のニーズに応えられるような実態把握を行う必要がある。

（藤田和弘）

4 個別の指導計画の具体例

　個別の指導計画については，東京都では平成6年度から研究・実践に取り組んできた。日々の教育実践に役立つ個別の指導計画とはどのようなものであるか，東京都の実践事例を見ながら考えてみたい。

(1) 実践しながら作り上げていく個別の指導計画

　東京都では，個別の指導計画を日々の教育実践に確実に役立つものとするよう，それぞれの学校や学級においてまず一番必要とされる部分から作成するようにしてきた。そして，実際に活用しながら改善していく，plan-do-see-implove という指導サイクルの確立を目的として実践してきた。つまり，「個別の指導計画」というものを作成することが目的ではなく，「個別の指導計画」はあくまで一人一人に適切な教育を実施していくうえでの手段である，という考えに立っているのである。

　初めて作成する場合は，例えば，いきなり全体指導計画や年間指導計画の作成をするのではなく，①最も達成が可能な部分から，②期間を2か月から1学期という短い期間に絞って，③達成できたかの評価がはっきりと分かる具体的な目標を掲げて，というポイントで作成するようにしてきた。さらに作成や評価の段階では，④複数の教師，保護者，本人の考えを取り入れること，⑤技能だけでなく，本人の意欲や達成感を評価すること，を重視した。その実践と評価の繰り返しが，学校や学級の中に plan-do-see-implove という指導サイクルを確立し，教師・保護者・本人にとって，手応えのある自立活動の指導へと発展していくと考えたのである。

(2) 課題を明確にした個別の指導計画

　個別の指導計画を作成するには，まず，教師にとっても，本人や保護者にとっても，個別の指導計画が一番必要とされる部分から作成するのがよい。必要

とされる部分は，自立活動の指導を行ううえでの具体的な課題の部分であり，目標や内容も具体的であるからである。

目標や内容が明らかな課題に対して，個別の指導計画を作成するには，対象幼児児童生徒の的確な実態把握が必要である。目標がゴールなら，実態把握はスタートラインであり，その二つが明確になってこそ，その間の指導計画を具体的に立てることができるのである。

図 2 は，聾学校幼稚部の実態把握表の例，**図 3** が個別の指導計画の例である。

聾学校においては，早期教育の必要性が早くから叫ばれ，養護・訓練と呼ばれていた時代から，幼児の興味・関心を基盤とした遊びを主体とした保育の展開とともに，一人一人に応じた専門的指導が行われてきた。

幼児は，学齢児にも増して，発達に個人差があり，また，障害の実態を客観的に把握することが難しいため，個別の実態把握表や医療機関や保護者との連携を大切にして個別の指導計画を作成している。

図2は，聾学校幼稚部で活用している聴能評価の例である。医療機関等や保護者との連携に基づいた実態把握だけでなく，このような具体的な指導の評価も含めていくことが，実態把握と個別の指導計画の作成・実施，見直しや改善につなげていくうえでの大切なポイントである。

図3は実態把握をもとに，課題を明確にした個別の指導計画である。

ここでは，個別指導場面では，養護・訓練が自立活動に改められたことを受け，感覚教育を中心とした内容を見直し，幼児のコミュニケーションに対する意欲を育てていくことを最優先としたこと，全教育活動の中での指導や家庭生活へのアドバイスは指導のポイントとして具体的な内容を示したこと等が，工夫した点である。

今回（平成11年）の幼稚部教育要領の改訂に伴い，自立活動のねらい，及び内容が小学部以降のものと同様に示された。従前の幼稚部教育要領においては，幼児の実態に即したねらい，内容の表現であったが，幼稚部の自立活動の指導が，小学部以降の指導と直結し，自立活動の指導の一貫性とその成果を一層重視するため，まったく同じ表現が用いられることとなったのである。

今後は，幼稚部の個別の指導計画としては，より広く幼児の将来像を視野に入れながら，聾学校教育の基礎・基本の部分に当たる自立活動はいかにあるべきかを追求しつつ，学部を超えた実践研究を行い，自立活動の指導の充実・発

聴能評価記録

氏名	F ○ ○ ○			4歳 6月	○組	検査日	10年 9月15日	
補聴器	右	リオンHB－13			聴力レベル	95 dB	検査者	
	左	リオンHB－13				98 dB	○ ○	

母音		あ	い	う	え	お	所見　テープ音には抵抗があり中止。文字はまだ読めないので口形記号を利用する。
	肉声	○	○	○	×	○	
	テープ						

名前		○○ちゃん	○○ちゃん	○○ちゃん	本人	先生
	肉声	○	○	○	○	○
	テープ					

ねずみ	×	×	パパ			
バナナ	○	○	ママ			
ぼうし	○	×				
ライオン	×	×	JANT　音かぞえ		JANT　数唱聞き分け	
ピアノ	×	×	所見　すぐにやり方を理解し取り組む。音のONには，確実に反応できている。音量を下げても，よく聞いている。		所見　数え方が理解できていないので聞き分けが難しい。	
でんわ	○	○				
すずめ	×	×				
テレビ	○	○				
選択	1/10					

[総合所見] JANT（音かぞえ）は，意欲的に取り組めた。大まかな聞き取りはできている。言語力がついてくることでまだまだ聴覚の活用が期待できる。聞くことへの自信をつけるのが課題である。

図2　聾学校幼稚部の実態把握表の例

展を行っていくことが望まれる。

(3) 保護者との連携を具体的に示した個別の指導計画

　個別の指導計画の生まれた背景の一つに，保護者との連携がある。東京都では個別の指導計画を保護者との連携の下に作成・評価することを推奨してきた。
　図4は，ある盲学校高等部の，自立活動の個別の指導計画の例である。
　ここでは，保護者と本人のニーズを積極的に取り入れていくために，次のような手順で個別の指導計画を作成，実施，評価している。
① 　学期はじめの家庭訪問で，本人と保護者のニーズを聞き取る。

| 個別指導計画 | 幼児名（　　　　　） | 記入年月日：　　年　　月　　日　記入者（　　　　　） |

●保護者の要望	・すすんで言葉を使うようになってほしい。 ・日常の簡単な指示を言葉で理解できるようになってほしい。	
●指導目標	長期目標	・2～3語文を母音の口形に気を付けながら口声模倣できる。 ・母子間で言葉を使って日常の簡単なやりとりができる。
	短期目標	・正しい口形で母音が発声でき，口声模倣に慣れる。 ・保護者が子どもに対する理解を深め，かかわりを楽しむ。
●基本方針	母親が，本児からの表現を十分受け止めていなかったり，無理に話させようとしたりする傾向がある。そのため，母親に対して：①興味のある活動を通じて話そうとする意欲を育てること。②子どもの気持ちを理解すること。この2点を基本に，子どもの気持ちの受けとめ方や日常の話しかけ方の改善を図る。併せて，本児に対して：口声模倣の習慣化と，その基本となる母音の発声の安定化をめざす。	
●指導のポイントと配慮	集団指導場面	・朝のトピックスでは，できるだけ本児からの話題を取り上げ，話し合い活動に参加しやすくする。 ・かるたとりなど口元を集中して見る遊びを意図的に取り入れ，読話に慣れ親しむようにする。 ・毎日，声だし遊びを行い母音の定着を図る。 ・気持ちに沿った場面で口声模倣を促し過剰にならないようにする。
	個別指導場面	・遊びを通して言葉でのやり取りを繰り返す中で，言葉の必要感や楽しく使う気持ちを育てる。 ・母音や擬音，擬態語あるいは理解している言葉を材料に，カード学習をし，口元を見てよく聞いていれば分かるという自信をもたせる。 ・母子活動を取り入れながら，子どもへのかかわり方について場に応じたアドバイスをしていく。 ・補聴器の適合状況を確認する。
	家庭生活場面	・話が伝わりにくいとき，言葉だけでなく絵や具体物を活用し，分かり合えたという経験をもてるようにする。 ・動作のみで表現してきたとき，知っている言葉であれば『え？』と聞き返し言葉での表現を促すことで口話習慣を身に付けるようにする。 ・お絵描きや粘土遊びが好きなので，一緒に遊びながらやり取りに慣れていくようにする。

図3　聾学校幼稚部の個別の指導計画の例

〔出典〕　平成10年度「東京の教育21」研究開発委員会指導資料集　心身障害教育部会聴覚障害分科会 p.30～31，平成11年3月（図2，3とも）

4 個別の指導計画の具体例

個別指導計画　1学期

1学期の指導目標

生徒氏名	・自分の眼疾の特徴を知り、自分から見やすくなるように進んで補助具や補装具を活用する。 ・いろいろな弱視レンズの特徴を知り、場面に応じて積極的に活用する。 ・文字の読み書きの力を付ける。

自立活動における個別の指導計画

内容		家族・本人記入欄		指導目標	指導場面 指導形態	授業担当記入欄		
		家庭生活や 学校生活について	改善したいこと			4、5月の 指導目標	6、7月の 指導目標	評価
健康な生活や心理面での安定	保護者	外出時に遮光眼鏡を作ったが恥ずかしがってあまり使用しない。	外へ出るときには恥ずかしがらずに遮光眼鏡をかけてほしい。	戸外の活動では、積極的に遮光眼鏡を活用する。	日常生活の中で	体育の時間には、遮光眼鏡をかけて授業を受けるようにする。	登下校時も必要に応じて遮光眼鏡をかけることができるようにする。	体育の授業の時には、必ず遮光眼鏡をかけて運動を行うようになった。使い慣れるととても見やすいと自覚してきたようである。
	本人	眼鏡はあまり好きではない。	周りを気にせずに眼鏡をかけるようにしたい。					
弱視レンズの活用	保護者	家では弱視レンズをあまり使わない。	弱視レンズをもっと使ったら見やすいのではないか。	いろいろな弱視レンズを使ってみることを知り、学習場面に応じて選んで使うことができる。	自立活動の時間に個別指導	いろいろな弱視レンズを使ってみて、倍率や焦点深度、視野、視界の明るさなどの特徴をつかむ。	教科書読みに一番適した弱視レンズを選び、活用することとともに、読速度を上げるように進んで練習に励む。	今までは手持ち型のレンズを使っていましたが、眼鏡型のレンズの活用に挑戦しました。読速度が向上があり、実用的に使えるようになってきた。
	本人	今使っている弱視レンズが見えにくくなっている。	新しい弱視レンズを紹介してほしい。					

図4　保護者との連携を具体的に示した盲学校高等部の自立活動の個別の指導計画例

[出典] 平成10年度「東京の教育21」研究開発委員会指導資料集心身障害教育部会視覚障害分科会 p.13、平成11年3月

69

（担任が指導目標，指導内容の原案を提示し，話し合う場合もある）
② それを踏まえ，担任が学期の指導目標，2か月ごとの指導内容を立てる。
③ ケース会議で担当する複数の教師が検討し，共通理解をする。
④ 指導を実施し，2か月ごとに指導内容を評価し見直す。
⑤ 評価を保護者と本人から聞き取る。
⑥ 担任，担当する複数の教師が協議し，学期末の評価を作成する。

　保護者や本人のニーズを積極的に聞き取ることができるのは，高校生という発達段階によるところもあるが，自立を目指し，障害に基づく種々の困難を主

年間目標	・保有視力を活用して，身の回りのものをすすんで見たり観察したりする。 ・弱視レンズを活用して，教科書を読んだり黒板や掲示板を見たりする。		
	1学期の評価	2学期の目標と指導内容	2学期の評価
教科・領域 自立活動	木の実や落ち葉の観察では「細かな部分をもっと見たい」と，自分からレンズを取り出して観察しました。 2学期は，板書を読むときにもレンズを活用できるよう指導します。	・近用弱視レンズの活用指導に重点を置く。5倍のレンズで教科書読みを行う。文字だけでなく，ものさしの目盛りを見たりするときにも活用できるようにする。 ・遠用の単眼鏡の指導も並行して行う。7倍の単眼鏡で黒板の文字を読むことができるようにする。	近用弱視レンズを使うと1文字1文字はよく見えていますが，教科書を読む速さは遅くなります。 3学期はレンズの動かし方を練習しましょう。
国語	画数の多い漢字が出てくると裸眼で教科書を読むのが困難な場合があります。 新出漢字の学習では漢字のとめ，はねなど細部の確認には弱視レンズが必要です。	・教科書の音読を重視し，繰り返し練習することを通して，場面を思い浮かべながら読めるようになる。 ・漢字が多くなってくるので，拡大教科書と並行して，弱視レンズを活用した教科書読みも行う。 ・新出漢字の学習では，拡大教材で学んだあと，自分で書いた字の確認には弱視レンズを使う。 ・基本的なへんやつくりは正確に覚えるよう，文字カードなどを活用して繰り返し指導する。	音読の練習は欠かさずやりました。覚えてしまうまで練習し，場面を思い浮かべて読むことができました。 弱視レンズを進んで使っています。 画数の多い漢字もレンズでよく確認し正確に覚えましょう。

図5　小学校における通級による指導（弱視）の個別の指導計画例

〔出典〕心身障害教育課だより No.18, p.8（東京都教育庁指導部）平成11年3月12日

体的に改善・克服するために必要な知識，技能，態度及び習慣を養ううえでは，この個別の指導計画がたいへん有効な手段ともなっている例である。

また，この学校では，この様式の項目の一部が通知表に生かされている。個別の指導計画を作成していくことは，教師にとって指導の効果を高め，児童生徒をみとる力を付けていくうえで有益であるが，さらに個別の指導計画の有効活用を考えていく必要がある。plan-do-see-implove という指導サイクルの確立とともに，通知表と個別の指導計画との一体化は，個別の指導計画の実践が与えてくれた新しい視点である。

(4) 通級による指導における個別の指導計画

通級による指導においては，障害に基づく種々の困難を主体的に改善又は克服を目的とする指導と，各教科の内容を補充するための指導が指導内容として示されている。

通級による指導の多くは他校に通級するために，在籍校や保護者からの評価を踏まえながら，在籍校での各教科の授業との関連と，毎回の指導の継続性を重視して指導していくことがポイントである。最後に，小学校における通級による指導（弱視）の個別の指導計画の事例を挙げる（図5）。　　　　（太田裕子）

◆参考文献
文部省：『盲学校，聾学校及び養護学校 幼稚部教育要領 小学部・中学部学習指導要領 高等部学習指導要領』，大蔵省印刷局，1999年
中野良顕：「『個別教育計画』とは」，『指導と評価』Vol. 43，図書文化，1997年
瀬尾政雄：「障害児教育とIEP（退官記念）」，筑波大学 心身障害学系 瀬尾政雄教授の最終講義における配布資料，1998年
篠原吉徳：「個別教育計画の進め方」，『指導と評価』Vol. 43，図書文化，1997年
Taylor, R. L.: Part One Introduction to Assessment : Issues and Concerns. In Assessment of Exceptional Students (3rd Ed.), p.1-76. Allyn and Bacon. 1993
安田生命社会事業団：「個別教育計画の理念と実践」（IEP長期調査研究報告書），財団法人安田生命社会事業団，1995年

第 5 章 ❖ 指導計画の作成と展開

―――――――――――――――――――――Chapter 5

1 視覚障害児に対する指導

(1) 基本的な視点

1) 現状と問題点

ここでは，全国盲学校長会が行った自立活動に関する実態調査の結果を基に，盲学校における自立活動の現状と課題を概観する。

ア　自立活動に対する教師の関心度

小・中学部では，自立活動に対して高い関心を示す教師が多いが，高等部になると関心度は低くなり，関心のある教師とそうでない教師とに分かれる傾向がみられる。

イ　自立活動の校務分掌上の位置づけ

ほとんどの学校では，自立活動の組織を校務分掌に位置づけている。その位置づけ方は，約半数の学校が，部または委員会という形で独立した組織としており，ほかに，研究部等の中の一組織としている学校も多い。

ウ　自立活動に充てる週当たりの授業時数

　普通学級について，各部の自立活動に充てる週当たりの授業時数をみると，小学部は，約6割の学校が2時間で，3時間の学校が約3割である。中学部も半数近くの学校が2時間で，1時間の学校が3割強，3時間の学校が1割強である。高等部は，ほとんどの学校が1時間である。

　また，重複障害学級については，自立活動に充てる週当たり授業時数は様々で，かなりの幅がある。

エ　自立活動の専任教員の配置

　約8割の学校では，自立活動の専任教員を配置していない。その主な理由は，教師全員で指導する方がよい，教員配置の関係から専任教員を置くことが困難である，有資格者がいないなどである。

オ　自立活動の指導形態

　各部とも個別指導が中心で，普通学級に比べると重複障害学級での割合が高くなっている。次いでグループ別指導，学級ごとによる指導の順になっており，その割合は2割前後である。小学部，中学部，高等部と部が進むに従って，個別指導が少なくなり，その分，グループ別指導が増えていく傾向がみられる。また，中・高等部の普通学級を中心に，約1割の学校で，部ごとの一斉指導を行っている。さらに，小・中学部の重複障害学級を中心に約1割の学校では，毎日短時間の自立活動の指導を継続して行う，いわゆる帯状の時間による指導を行っている。

カ　自立活動指導上の問題点

　自立活動指導上の主な問題点としては，専門的な知識・技能をもった教師が少ない，一貫して統一された指導が不足している，教師の研修の機会が少ない，児童生徒の障害が複雑で実態把握が難しい，教材・教具が整備されていない，自立活動と各教科等との関係が明確にされていない，指導の評価に苦労しているなどを挙げることができる。

2）指導計画作成上の配慮

　自立活動の指導に当たっては，個別の指導計画を作成する必要がある。この場合，個々の児童生徒の障害の状態や発達段階，あるいは経験の程度等の実態を的確に把握して，指導目標や指導内容を設定することになる。そのうえで，

指導の順序，指導方法，使用教材，指導の時間配当や指導上の配慮事項などについて具体的に検討することが大切である。

　ア　個々の児童生徒の実態把握

　視覚に障害のある児童生徒の実態把握は，必要に応じて医学的，心理学的，教育的な立場から行うことが大切である。

　　(ア)　医学的な立場からの実態把握

　医学的な検査や診断の結果から得られる内容には，例えば，次のようなものがある。

　①視力（近方視力，遠方視力，最大視認力），②視野，色覚，暗順応などの障害，③眼疾患（発症の時期，治療歴，予後など），④眼鏡の使用，⑤照明の程度，⑥視覚管理の内容（眼疾患に伴う眼の使用や運動の制限，明るさに対する配慮，日常生活や学習上の留意事項など）

　　(イ)　心理学的な立場からの実態把握

　心理学的な評価を行う場合，視覚に障害があることが，心身の発達にどのような影響を及ぼしているのかを明らかにすることが大切である。評価は，児童生徒に対する面接や観察，保護者からの聞き取り，各種の発達検査の実施，チェックリストの活用などの方法によって行われる。心理学的な検査等の結果から得られる内容には，例えば，次のようなものがある。

　①児童生徒や保護者の障害の受容の状況，②障害に基づく種々の困難を改善・克服しようとする意欲，③心理的適応の状態，④対人関係や社会性，⑤視覚，聴覚，触覚などの活用状況，⑥環境の認知能力，⑦運動機能，作業能力，移動・歩行能力，⑧コミュニケーション能力，⑨日常生活の様子，⑩教科学習のレディネス

　　(ウ)　教育的な立場からの実態把握

　医学的な立場や心理学的な立場からの実態把握を基に，特別な指導内容や教育上の配慮事項を明らかにするために，教育的な立場からの実態把握を行う必要がある。その際，生育歴なども参考にすることが大切である。教育的な立場から把握すべき内容には，例えば，次のようなものがある。

　①使用する文字（普通の文字，拡大文字，点字），②適正な文字の大きさ，③使用する視覚補助具（弱視レンズ，教材拡大映像設備など），④文字の読み書きの速度，⑤教科学習における困難点と配慮事項，⑥必要な指導形態や指導

方法，⑦必要な教材・教具，⑧必要な施設・設備，⑨日常生活や行動上の配慮事項

　イ　指導目標や指導内容の設定

　アで述べた個々の児童生徒の実態把握に基づいて，自立活動の指導目標や指導内容の設定が行われる。

　指導目標は，長期的及び短期的な観点から設定する必要がある。ここで，長期的な観点からの目標とは，学期や学年，あるいは小・中・高等部の各部を見通した目標であり，短期的な観点からの目標とは，月や週などの当面の目標であるということができる。

　このように設定された指導目標を達成するためには，個々の児童生徒の実態に応じて指導内容を系統的に配列し，段階的に取り上げて指導することが重要である。

　この指導内容は，盲・聾・養護学校の学習指導要領に示された自立活動の内容の中からそれぞれの児童生徒が必要とする事項を選定し，それらを相互に関連づけて具体的に設定することが大切である。ここで留意しなければならないのは，自立活動の内容として示されている項目は，人間としての基本的な行動や障害に基づく種々の困難を改善・克服するために必要な要素をあげ，それを分類・整理したものであって，これが具体的な指導内容そのものを示しているわけではないということである。

　具体的な指導内容の設定に当たっては，次の事項に配慮する必要がある。

　①　児童生徒が興味をもって主体的に取り組み，成就感を味わうことができるような指導内容を取り上げること。

　このためには，指導内容が，児童生徒自身の力で解決でき，取り組みやすいものであること，児童生徒が指導目標を自覚でき，意欲的に取り組もうとするものであることが大切である。

　②　児童生徒が障害に基づく種々の困難を改善・克服しようとする意欲を高めることができるような指導内容を重点的に取り上げること。

　このためには，指導内容が，児童生徒の経験や具体的な活動と結び付いたものであり，学習を通して自己の可能性を見いだすことができるものであることが大切である。

　③　個々の児童生徒の発達の進んでいる側面をさらに伸ばすことによって，

遅れている側面を補うことができるような指導内容を取り上げること。

児童生徒の発達の遅れた側面に対する指導は，指導効果が現れるのに時間がかかったり，児童生徒の学習意欲を失わせたり，劣等感をもたせたりすることがある。したがって，発達の進んでいる側面をさらに伸ばすような指導内容を取り上げて，児童生徒に自信や意欲をもたせ，発達の遅れている側面を改善することが大切である。

3）自立活動における主な指導内容

自立活動で取り上げる指導内容は，児童生徒にとって必要な実際の場面における行動であり，この行動には，予測・確かめの技能が含まれている。一つの行動を通して獲得された予測・確かめの技能は，他の行動にも応用できるものである。したがって，自立活動の指導においては，この予測・確かめの技能を高めることによって，視覚障害に基づく日常生活や学習上の様々な困難を主体的に改善・克服できるようにする必要がある。

自立活動における主な指導内容としては，次のようなものがある。

ア　健康の維持・改善と管理

①自己の健康や障害の状態の理解，②健康状態の回復，再発の予防，③眼疾患に伴う視覚管理

イ　心理的な安定や意欲の向上

①視覚障害に起因する心理的な不適応への対応，②視覚障害に基づく種々の困難を改善・克服しようとする意欲

ウ　探索能力の向上

既に習得している概念やイメージを手がかりにして，環境の状態を予測し，それを確かめる能力を高めるようにする。具体的には，次のような指導を行う。

①視覚的な認知能力の向上，②弱視レンズなどの視覚補助具の活用，③触覚や聴覚などの活用，④触覚による観察の仕方，⑤ボディ・イメージや空間概念の形成，⑥地理的な概念の形成，⑦欠けた感覚情報の予測と既にもっている情報を手がかりとした次にくる情報の予測

エ　適切な姿勢や運動における動作の習得

①坐位や立位の姿勢，②運動時における動作やバランスの調整，③運動における動作

オ　歩行能力の向上

周囲の状況を予測し，感覚的な情報で確かめながら，白杖を用いて，一人で歩行することができるようにする。具体的には，次のような指導を行う。

①歩行軌跡の表現と歩行地図の活用，②歩行の基本的技術，③白杖の活用（白杖を通して得た感覚情報を総合的なイメージにまとめて周囲の状況を理解する），④歩行計画の作成

カ　作業能力の向上

①手指の巧緻性や敏捷性，②作業内容に応じた安全で能率的な姿勢，③各種道具の使い方，④平面や立体の構成，⑤作図，⑥作業工程と結果を予測した作業，⑦並行作業

キ　日常生活技能の向上

食事，排泄，衣服の着脱，清潔の保持，持ち物の整理・整頓，洗濯，掃除，買い物などの日常生活が適切にできるようにする。

ク　コミュニケーション能力の向上

①意思の相互伝達，②場に応じたコミュニケーションの仕方，③中途失明者に対する点字指導，④点字使用者に対する普通の文字の指導，⑤コンピュータや情報通信ネットワークなどの情報手段の活用

4）指導時間と指導形態

盲・聾・養護学校小・中学部の学習指導要領には，「小学部又は中学部の各学年の自立活動の時間に充てる授業時数は，児童又は生徒の障害の状態に応じて，適切に定めるものとする」と示されており，高等部も同様である。つまり，自立活動の時間は，小・中・高等部とも各学年ごとに設ける必要があるが，その授業時数は，児童生徒の障害の状態に応じて，適切に定めることになっている。また，重複障害の児童生徒については，特例によって自立活動を主とした教育課程を編成することができるようになっている。

自立活動の指導は，毎週の自立活動の時間を中心に継続的，系統的に行うことが基本となるが，学習活動の特質や児童生徒の実態などに応じて，効果的な場合には，特定の期間における集中指導，短時間の継続的ないわゆる帯状の時間による指導，休み時間，放課後，始業前等の時間を活用した不定期の指導などが考えられる。

自立活動の指導形態は，個別指導が基本である。しかし，指導内容によっては，集団の中での相互の働きかけを通して指導した方が効果的な場合もある。例えば，校外における歩行指導のように，安全で効果的な指導を行うためには，個別指導が必要であり，また，教材・教具を十分に用意した教室内の指導では，学級単位やグループ別の指導も可能である。さらに，学級の枠を超えたグループ編成による指導，抜き出しによる指導なども考えられる。いずれにしても，児童生徒の実態や指導内容，学校の実情に応じて，最も効果的な指導形態を検討することが大切である。

5）指導上の配慮事項

ア　各教科等との関連

　自立活動の指導に当たっては，各教科，道徳，特別活動及び総合的な学習の時間における指導と自立活動の時間における指導との関連を図り，相互に補い合って，組織的，計画的に行うことが大切である。そのためには，自立活動の時間においては，各教科等の学習の基礎となる内容を重点的に指導するとともに，各教科等における学習の成果を踏まえた発展的，応用的な指導を行うようにする必要がある。

イ　指導方法の創意工夫

　自立活動の指導に当たっては，個々の児童生徒の実態に応じた具体的な指導方法を創意工夫し，意欲的な活動を促すようにすることが大切である。そのためには，次のような配慮が必要である。

① 　指導が機械的な繰り返しにならないように，題材を変えたり，児童生徒の興味・関心のある教材・教具を豊富に用意したりして，指導に変化をもたせるようにする。
② 　児童生徒の実態に合わせて指導段階を細分化し，課題の達成度を自己評価して，成就感を味わうことができるようにする。
③ 　自立活動の学習で習得した基本的な技能を，日常生活や学習の中で活かすことができるようにする。
④ 　賞賛や励ましの言葉かけをして学習の動機付けを行うようにする。

ウ　教師の協力体制

　自立活動の時間における指導は，専門的な知識や技能を有する教師を中心と

して全教師の協力の下に行うことが大切である。そのためには，自立活動の指導が，視覚に障害のある児童生徒の自立や社会参加にとって重要な意味をもっていることを，全教師が共通理解する必要がある。

エ　専門の医師等との連携協力

自立活動の指導に当たっては，眼科医と密接な連絡をとって，一人一人の児童生徒の視覚障害の状態や眼を養護する方法などについて十分に理解することが大切である。また，重複障害の児童生徒についても，専門医や専門機関との連携の下に，発達の経過，障害の種類や程度，日常生活や学習上の困難などを適切に把握し，効果的な指導方法を工夫・改善することが重要である。

6) 指導の評価

自立活動の指導は，児童生徒の実態把握に基づく個別の指導計画の作成，学習活動の展開，教師による必要な援助，反省や評価に基づいた新たな計画の作成というように循環する形で進められていく。自立活動における反省や評価は，とくに，児童生徒の実態把握が適切であったか，個別の指導計画で設定した具体的な指導目標や指導内容が適切であったか，児童生徒の主体的な学習活動に沿って必要な援助が行われたか，年度当初と年度末で児童生徒の実態がどのように変化したかなどに重点を置いて行うことが大切である。　　　　　（鈴木　篤）

(2) 指導計画の作成と展開例

1) 校内の歩行と空間の理解

視覚障害者の歩行指導は，「オリエンテーション　アンド　モビリティ　トレーニング（Orientation and Mobility Training）」と呼ばれ，運動障害者のそれとは内容を異にしている。このうち，オリエンテーションとは，自分のいる位置と目的地との方向定位，すなわち環境認知を，モビリティとは，安全な身体の移動，つまり歩行運動を意味している。よく知られた白杖や盲導犬は，モビリティを援助するものであり，触地図は，オリエンテーションを援助するものといえる。この両者は，「一人で，安全に能率よく，そして美しい姿勢で歩く」という歩行指導の目標達成に必須の要素となっている。

歩行指導は，対象が乳幼児から成人までと年齢幅が広く，先天的な障害か中途障害かという受障の時期によっても，その内容や方法が異なってくる。しかし，指導の順序は，「身近で狭い，安全な空間から，未知で広い空間へ」が原則であり，概ね，①手引き歩行，②室内移動時の伝い歩き，③白杖の導入と操作法，④学校近隣の住宅街の歩行，⑤交通機関の利用，⑥混雑地の歩行と援助依頼，⑦単独通学などの応用歩行，へと進んでいく。さらに歩行指導は，単に歩くという移動動作のみが関与しているわけではなく，安全に能率よく目的地まで歩くためには，移動に伴って変化する周囲の環境を，いかに的確に把握するかが重要な点になる。また，道に迷って分からなくなったりした場合には，近くにいる人に尋ねるというコミュニケーションの技能も求められる。こうした指導を通して，単独で歩く自信がつけば，心理的にも安定し，障害を改善・克服しようとする意欲にもつながっていくものである。このように歩行指導には，自立活動に示されている「環境の把握」，「身体の動き」はもとより，「コミュニケーション」や「心理的な安定」等に区分されている内容にも密接にかかわっている。したがって，これらの内容の中から必要な項目を選定し，それらを相互に関連づけて，歩行指導の具体的な内容を設定することが求められているのである。本節ではその中から，盲学校小学部低学年の先天盲児に対する校内の歩行と空間の理解の指導に絞って述べることにする。

ア　校内の単独歩行

　室内の移動では通常，白杖などの歩行補助具を用いない伝い歩きを利用する。入学当初は，下足箱，トイレ，給食室，職員室，音楽室や図工室といった特別教室など，これからの学校生活に不可欠な場所への単独移動が目標である。そこでまず，「自分の教室を基点に，トイレまで一人で歩く」のような具体的目標が設定できる。さらに「教室を出発し，トイレによってから音楽室に行く」といった複数の目的地を課題にすることもできる。教室を基点にした移動が可能になると，教室以外を基点に「音楽室から職員室へ行く」，あるいは複数の目的地を効率的に回るオリエンテーリングなど，様々な発展的課題が考えられる。

　この段階で必要な技能が「伝い歩き」と「方向の取り方」である。「伝い歩き」は，壁側の腕と身体の角度が45度くらいになるように腕を前方に伸ばし，小指と薬指の甲で軽く壁に触れながら，滑らせるようにして歩く方法である。

このとき，腕は必ず身体の前方に伸ばさなければならない。まだ独歩が完全にできない場合は，壁を両手で触って歩かせてもよい。この方法を習得すれば，どんなに曲がりくねっていても，あるいは長い距離であっても，安全な移動が可能である。

　しかし，目的地が廊下の向かい側にあるなど，触るものが何もない空間を移動しなければならない場面に必ず遭遇する。このときに必要な技能が「方向の取り方」である。これは，背中を壁につけた姿勢で両手で左右の壁に触れ，身体が壁と垂直になっていることを確認してから，直進して横断する方法である。このように何も触るものがない空間の移動が最も不安定であり，迷う原因になりやすい。したがって，最短距離で廊下を横断するこの技能の指導には十分に時間をかけ，確実に身に付けさせる必要がある。

　イ　歩行地図の導入

　前述した実際の移動と並行して，歩行地図の導入を図っていく。一般に歩行地図とは，二次元的な広がりをもって表現されたものをいう。つまり，建物や道路などの配置関係を積み木や棒磁石あるいは表面作図器で表現したものや，「歩行用触地図」として製作されたものなどである。また，出発点から目的地までの歩行コースを一次元的・継時的に音声や文字で表現したものや，立体地図や模型のように環境の構造を三次元的に表現したものを含むこともある。とくに小学部低学年に対する導入段階にあっては，晴眼児の絵地図に対応した立体模型による地図が効果的である。

　ここで準備しておきたい教具に，教室内の机や椅子，ロッカー等の教室備品模型がある。これは木片を使って自作したり，市販のブロックを利用してもよい。これらの模型を使ってまず，児童の机と椅子を配置させてみる。自分の両隣りは正確に置けるが右向こうや左向こうという位置関係が十分理解できなかったり，隣り合う友達の順序は正しいが，机が隣り合わず遠くに離れてしまったり，あるいは机の配置は正確であるが椅子の向きが不十分であったりなど，つまずくことも多い。このような場合には，実際に歩いて確かめさせたり，教師が見本としてやってみせることが大切である。そして自分たちの机・椅子の配置ができるようになったら，周りのロッカーなどの配置へと進む。また，大型積木や段ボールを使って実際に部屋を作らせてみるのも効果的である。

　さらに発展的課題として，床に見立てた磁石盤を180度回転してから配置さ

せるなどして，教室内の地図の定着を図る。教室内を理解できたら，教室配列の課題である。教室の両隣りは何年生か，その向こうは何年生かなど，自分の教室を基点に積木模型等を利用してその配列を理解させていく。さらに作り上げた教室模型の中で，指や人形を使っての「散歩」は楽しい学習活動となる。

　また，1階と2階のように，上下の教室の位置関係を理解させるとき，つまずく盲児を見かけることが多い。上下の位置関係は視覚が利用できれば一目瞭然だが，盲児には理解しにくい内容である。この場合，2階の教室の窓から紐を垂らし，その紐のある1階の教室を確かめさせるのも一つの方法である。そして教室模型を重ね合わせて理解を確実にさせていく。このように丁寧な指導を繰り返すことによって，他の教室の上下関係も類推できるようになっていく。

　立体模型を使った地図の初期指導には，十分時間をかけることが大切である。そして平面に表現したいわゆる一般的な触地図の理解へ発展させていく。立体模型から平面地図へと移行する手がかりとして，立体コピーで教室の壁に見立てた線を描いておき，その平面の中に机や椅子，ロッカー等を示すフェライト磁石を配置させると効果的である。こうした体験を積み重ねながら，真空成形器や立体コピーの学校全体地図や歩行用触地図へと理解を深めさせることができる。

　　ウ　指導上の留意点

　本節では，一連の学習課題のうち，室内移動と空間の理解という初期段階での具体的な指導事項について，オリエンテーションとモビリティの二つの側面から述べた。実際の指導においては，各教科や生活場面を通じて必要な事項を選定することが大切である。とくに空間の理解は教科学習の基礎として重要であり，教師はこのことを念頭においたうえで，生活科や社会科の地図や算数・数学の図形領域の指導系列を十分に理解しておくことが必要であろう。そして，児童が主体的に教材に働きかけ，その中から学び取ることができるような学習の個別化を図っていく。

　そのためには，児童の実態を適切に把握し，実態に合った教材を提示するよう心がける必要がある。もし，児童がその教材に興味を示さなかったり，主体的な解決が望めないと判断できたら，方法を変えるか前段階の指導に戻るなど，決して教師のペースで無理強いしないようにしなければならない。

　とくに歩行地図の理解には，高度なレベルの学習能力が要求される。例えば，

自分から見た左右が十分に理解できていない段階の盲児に，向かい合った人の左右や東西南北の概念を指導してもうまくいかないであろう。さらに，適切な教材教具の整備が必要なことはいうまでもないことである。

　ここで紹介した空間理解の学習に用いる教材教具は，市販の高価なものではなく，教師の手作りで可能なものであり，これら教材教具の収集や工夫には常に心がける必要がある。そして，一連の学習によって獲得された知識や技能，態度などが他の学習や日常生活の中で十分に活かされるよう留意すれば，さらに確実なものになっていく。

　歩行指導は迷わずに歩けるようにすることを目指しているのではない。迷ったときに自ら解決できる力を育てることが最も重要である。したがって，ある指導過程で盲児が迷った場合，どこに原因があるかを把握するともに，この壁を超えるきっかけになるスモールステップの指導目標を，いかに設定するかが課題解決の糸口になってくる。その力が教師に問われているのである。

〈牟田口辰己〉

2）弱視レンズの活用

ア　指導計画作成上の基本的な考え方

　弱視幼児児童生徒の「見えにくさ」の改善方法としては，見ようとする対象物の網膜に写る像を拡大させることが大切である。その方法の一つに，弱視レンズ類を活用して光学的に像を拡大する方法がある。弱視レンズには，遠用弱視レンズと近用弱視レンズがあるが，これらは，必要になったからといってすぐに活用できるものではない。「自立活動」を中心に時間をかけて基本的な使い方の技能を指導し，その技能を学習や生活面で活用しながら実用的に使いこなせるようにしていく必要がある。また，弱視幼児児童生徒の見え方は一人一人異なっていて，発達のレベルも多様である。したがって，弱視レンズの指導においても，個別の指導計画を作成することが大前提となる。

　指導計画の作成に当たっては，弱視教育が見えにくいものを無理な努力を強いてでも見えるようにしようとする教育ではないことを踏まえ，幼児児童生徒の実態やニーズに配慮した指導計画を立案していくことが求められる。さらに，これらの活動は，児童生徒が主体的に取り組むことによって効果が上がるので，幼児児童生徒のニーズやモチベーションを大切にし，単調な訓練にならないよ

うに配慮する必要もある。学習意欲を高めたり，動機づけを図るために，折に触れてグループでの指導を取り入れることが有効な場合もある。なお，弱視レンズは，小学校中学年くらいから，その必要性が増してくることを念頭において，基礎的な指導とともに，学習・生活面でできるだけ活用させるような指導計画を立てていくことが大切である。こうした活動を繰り返すことによって，作業の円滑な遂行能力の向上が図られていくことになる。

　イ　児童の実態把握

　弱視レンズの指導計画を作成するに当たっては，まず対象幼児児童生徒一人一人の目の状態を的確に把握することが求められる。目の状態については，基本的には視機能検査が中心となる。視機能には視力・視野・色覚などがあるが，なかでも視力の測定が重要である。裸眼視力（遠方視力，近方視力）・矯正視力を測定する。また，弱視児の場合，視距離を近づけるとより小さいものも判別できるので，最も見えやすい視距離でどれだけ小さな視標が読めるかを測定しておくことも必須である。このときの視標を「最小可読視標」という。教育的検査においては，「最大視認力」という用語も使われている。その他に，視覚障害の原因，視野欠損の有無と状態，一般的な発達の状態，身体面，とくに手指の機能の状態なども把握しておく。それらの資料と本人の使用感をもとに，目的に応じた弱視レンズが選択されることになる。

　ウ　目標の設定

　弱視レンズの指導では，遠方および近方のレンズを活用する技能を身に付け，見えにくいために困難であった環境の把握や事物の観察などの情報の収集ができるようにするとともに，文字を書いたり作図などの作業にも活用できるようにしていくことを目指している。したがって，一人一人の幼児児童生徒の視機能や発達あるいは身体機能などを的確に把握したうえで，その幼児児童生徒の学習面や生活面での実態に即して，長期的な指導内容の大枠を個別の指導計画の中に設定し，それをもとに，中・短期的な指導目標と指導内容を設定していくことになる。

　エ　指導内容の構成

　弱視レンズの指導の内容は，主に弱視レンズの使用法に関する指導から構成されるが，弱視レンズを活用した作業の指導も含まれてくる。弱視レンズの使用法の指導では，適切な遠用弱視レンズ及び近用弱視レンズ（据置，手持ち，

眼鏡型)を選択し,それを活用することにより,保有する視覚を最大限に生かして,状況を把握したり,事物を観察したり,文字の読み取りなどが効率良くできるようにするために,段階を追った内容で指導が展開されることになる。また,これらの内容の指導に当たっては,基礎的な指導をした後,それを実際に学習場面で活用させて,弱視レンズの使い方に習熟させていくことが大切である。こうした活動を繰り返すことにより,作業の正確さと速度を向上させていくことが可能となるのである。

　レンズを活用しての作業では,レンズを利用しながら用具を用いたり,文字を書いたりといった具体的な内容が含まれ,教科などの指導内容と関連させて指導していく必要がある。

　弱視レンズの指導では,技能面での習熟に力点が置かれがちであるが,弱視幼児児童生徒の中には,弱視レンズを人前で使うことに気兼ねしたり,「見えにくい」ことを知られたくないために,弱視レンズの使用を避けてしまいがちな者もいるので,実際に習得した技能を必要なときに自信をもって使用できるように,心理面でのたくましさをはぐくむことも大切になってくる。

　このように,弱視レンズの指導は,学習指導要領の「自立活動」の内容としては主として「3　環境の認知」の「(2)感覚の補助及び代行手段の活用に関すること」に位置づけられるといえるが,「4　身体の動き」や「5　コミュニケーション」さらには「1　心理的な安定」の内容にもかかわるところがあり,これら様々な項目と関連づけて,一人一人の幼児児童生徒に適した具体的な指導目標の下に,具体的な指導内容を構成していく必要がある。

　弱視レンズの一般的な指導内容を以下に例示する。

項　目	指　導　内　容
適切なレンズの選択	
遠用レンズの基本的な学習	対象の探索,ピント操作,的確な像の認知など
遠用レンズの応用的な学習	板書の読み取り,野外での活用,交通機関利用での活用など
近用レンズの基本的な学習	文字の認知,文章の読み,図の読み取りなど
近用レンズの応用的な学習	辞書や新聞等小さな活字の印刷物や地図・図版の読み取り

また，弱視レンズを用いた作業の指導内容例としては，算数での作図や計測，理科実験，家庭科や図工での実習，国語科をはじめとする小さな文字での書字活動，などが考えられる。

オ　具体的指導計画例（個別の指導計画を想定）

A児に対する長期指導計画を**図6**に，2年次の指導計画を**図7**に示す。

図6　長期指導計画（例）

対象児　A児（盲学校小学部2年生　眼疾：未熟児網膜症，視力〈遠方；右　0.08　左　0.06，近方（両眼）；0.15，最小可読視標：0.6/7 cm〉）

レンズ	学年	指導段階	内　　容	指導上の留意点
遠用	1 1～2 1～2 1～2 2 2 2 3 3～6 4～6	レンズを知る レンズに慣れる レンズを上手に使う フラッシュカード レンズを使いこなす 実用的に活用する	レンズの紹介，選択 ピント固定で対象の認知 フラッシュカードの読み取り 対象固定　ピント合わせ 対象移動　ピント合わせ ピント合わせ 広範囲探索 動体認知 板書読み 板書視写 屋外・交通機関での活用	・レンズの倍率や視野は，視力や用途などに合わせて決める。レンズの明るさや携帯性などにも配慮する。 ・単調で訓練的にならないように配慮する ・実際に活用する場面を学習や生活の中でも意図的に設定していく。
近用	1 2 2 3 4～6 4～6 4～6 4～6	レンズを知る レンズに慣れる レンズを使いこなす 実用的に活用する	据置型・レンズで遊ぶ 手持ち型・文字の認知 　短文読み取り 　長文読み取り 読書活動 作図・地図の読み取り 辞典類の読み取り 眼鏡型・用具の活用に利用	・近用は，0.8前後の指標が読めることを一応の目安にする。卓上型，手持ち型，眼鏡型のものがあり，それぞれに利点・欠点があるので，幼児児童生徒の実態や学習内容によって使い分ける。 ・レンズの倍率表示がメーカーによって意味が異なるので注意。

1 視覚障害児に対する指導

図7　2年次の指導計画（例）

レンズ	指導段階	内　容	時数	指導上の留意点
遠用	レンズに慣れる	フラッシュカードの読み取り（2～3文字の単語カード）	4	・教室の明るさと照明の関係，視距離の関係，姿勢の問題も考慮する。
	レンズを上手に使う	対象固定　ピント合わせ（絵・文字・数字カード）	4	・ピント合わせは明瞭さを優先し，その後作業時間の短縮を図っていく。
		対象移動　ピント合わせ（絵・文字・数字カード）	6	
		フラッシュカード　ピント合わせ	4	
	レンズを使いこなす	広範囲探索	4	・単調で訓練的にならないように内容に合わせたゲームなどを工夫する。
		動体認知	4	
近用	レンズを上手に使う	文字の認知（文字カード）	4	・手持ち型で指導する。
	レンズを使いこなす	短文読み（単語，2～3語文）	4	・主体的に取り組めるような内容の教材を準備する。
		文章読み（100字程度まで）	4	・目盛りの読み取りの精度は，児童の実態に合わせて目標値を決める
	実用的に活用する	用具の活用（ものさし）	6	

カ　評価の観点

　レンズの使用法についての評価の観点としては，ピント合わせ，対象の的確な判別，とらえた像の認知などについて，その精度と迅速性が考えられる。レンズを活用した作業などについては，作業の中でレンズが使いこなせているかどうか，作業の正確さ，学習の流れにのって効率良く作業ができているかどうか，などの観点が考えられる。心理面では，必要に応じて積極的に活用しようとする態度がみられるかどうかの観点から評価する。

（大内　進）

2　聴覚障害児に対する指導

(1)　基本的な視点

1) 現状の問題点

　養護・訓練の指導は，昭和46年の学習指導要領の改訂において教育課程上に位置づけられた。聾学校においても，それ以後，聴覚障害の特性に応じ，個々の児童生徒の障害の状態の改善・克服を目指して，様々な指導が行われてきた。なかでも，やはり，聴覚障害のある幼児児童生徒に対しては，いかにして国語を身に付けさせるか，また，国語によるコミュニケーションをいかにして円滑に行えるようにするかが，聾学校での養護・訓練の指導の関心の的であった。

　言語指導は，思いのほか，困難なものである。聴覚に障害がない者が，自然に話し言葉を身に付けていくものを，聴覚に障害がある幼児児童生徒の場合には，口話や手話，聴覚活用，文字，キュード・スピーチ等の多様なコミュニケーション手段を活用して，言語習得を促す方法を模索するとともに，一方では，義務教育段階以前の乳幼児期から，適切な教育的対応を試みたり，家庭等との緊密な連携に努めたりするなど様々な創意工夫のもとに，鋭意，言語習得を目指した指導が行われてきた。昭和40年代以降，科学技術の進歩や社会状況の変化等を踏まえて，補聴器等の聴覚補償機器の活用やコミュニケーション手段の選択・活用に関心が集まる傾向がみられたが，読みの指導，社会常識等にかかわる指導，障害の自覚等に関する指導など，全人的な育成を図る観点から，多方面にわたる指導が行われてきている。

　今後，自立活動の指導を進めていくうえでの課題についてまとめると以下のとおりである。

　　ア　幼児児童生徒の障害の状態の多様化への対応
　　聾学校における幼稚部の3年保育が確立し，さらに乳幼児に対する教育相談

体制も徐々に普及した結果，幼稚部修了後の進路が多様化するなかで，小学部から高等部までに在籍する児童生徒の障害の状態の多様化が一層進んでいるともいえる。例えば，平成2年度の聾学校小学部・中学部の児童生徒のうち，重複障害学級への在籍率については，12.7％であったが，平成10年度では，16.3％を占めるまでに至っている。聾学校の在学者数が，平成2年度に8,169人であったものが，平成10年度には6,826人に減少していることを含めて考えると，多様な実態の児童生徒の占める割合が増えていることが理解できる。こうしたなかでは，単に，話し言葉を通して言語習得を図ることだけにこだわらず，個々の実態に応じて方法を工夫し，言語習得を図ることを目指す必要があろう。それがまさに聾学校における自立活動の課題の一つである。

　イ　個に応じた指導の充実

　聴覚補償機器の開発も進んできたことから，幼児児童生徒が有している聴力を最大限に活用するための方法を追求することはもちろんのこと，個々の実態に即して，口話や文字，キュード・スピーチ，指文字や手話等の活用により，言語の習得を図ることが必要になる。

　また，児童生徒の興味・関心に即することも大切であり，コンピュータの活用や読みの教材の選定，言語力の拡充，障害の認識等，幅広い観点から，個に応じた自立活動の指導の在り方を追求していくことが大切である。

　ウ　発達段階に応じた指導の工夫

　聾学校においては，幼稚部から高等部にかけて，一貫した教育が行われている。したがって，自立活動の指導を進めていく際には，それぞれの発達段階に応じた指導が必要である。

　これまでは，とかく，幼稚部や小学部に関心が集まり，そこでの言語指導，聴覚活用，そして，読みの指導，言語力の拡充が重要視されてきた。確かに，それらについてはかなりの実績があるところである。しかし，個々のニーズに即するという観点から，改めて見直すことも大切である。

　また，それ以降の段階においても，それぞれ，特有の指導内容が考えられる。したがって，聾学校においては，今後，中学部や高等部における自己の障害の自覚等に関する指導をはじめとして，この時期において必要な指導に関する研究実践が重要である。

2) 指導計画作成上の配慮

指導計画を作成する際の配慮事項としては，まず，個々の幼児児童生徒の聴覚障害の状態や発達段階及び経験の程度等に応じた指導の目標を明確にし，学習指導要領等に示す自立活動の内容の中からそれぞれに必要とする内容を選定し，それらを相互に関連づけて具体的な指導内容を設定するものであることを十分踏まえることが大切である。

例えば，小学部において，個々の児童の障害の状態等に応じるということは，各教科，道徳，特別活動，総合的な学習の時間においてもいえることであるが，自立活動においては，とくに重要視すべきである。なぜなら，各教科などの場合は，その内容が予め決まっており，それを児童の実態に応じて，どのように選択し，構成していくかが重要な課題であるのに対し，自立活動の場合は，指導すべき具体的な内容自体を児童の障害の状態に応じて，様々な観点から検討し，明らかにする必要があるからである。

また，聴覚に障害のある幼児児童生徒は，その障害の状態や言語発達の程度などに著しい個人差がみられることが多いことから，なおさら，具体的な指導内容の設定には配慮が必要である。

従前から，聴覚に障害のある幼児児童生徒の実態を把握する際には，聴力検査や言語力検査等，諸検査によるデータの結果に基づいて指導の展望を模索することが一般的である。このことは，もちろん重要な観点ではあるが，一方で，幼児児童生徒のコミュニケーションの状況や興味・関心の有り様についての細かな実態把握も必要である。言語指導の困難性ゆえ，言葉を教え込むことに終始するあまり，これまで言葉の数量的な側面に評価の観点が集中しがちなところもあったが，今後，言葉の質的な側面である生活の中で言葉が果たす役割等についても十分考慮していく必要があると思われる。

次に配慮すべきこととしては，例えば，小学部や中学部においては，各教科，道徳，特別活動及び総合的な学習の時間における指導と密接な関連を保つようにし，指導計画の作成を組織的，計画的に行うことが挙げられる。聴覚障害の特性から，児童生徒と教師，あるいは児童生徒同士の意思の疎通がスムーズにいかなければ，日常の授業は成立しがたいし，児童生徒が身近な出来事などを，基礎的な知識や生活に関連づけて考える力等が不十分であれば，教科の内容の

理解も困難になりがちなことは，容易に理解できることである。こうしたことを踏まえれば，自立活動の内容は，自立活動以外の指導を支えるものであるとも考えられよう。したがって，自立活動と各教科などの指導は，密接不可分の関係にあるといえる。

さらに，人工内耳等の手術を受けた幼児児童生徒が，聾学校に在籍するケースも見受けられるようになってきていることから，それぞれの障害の状態により，とくに必要がある場合には，専門の医師及びその他の専門家等と密接な連携を図るように努め，適切な指導が系統的・計画的に行えるように指導計画を作成することが重要である。

今回（平成11年）の改訂では，自立活動の指導において，個別の指導計画の作成が位置づけられた。聾学校においては，これまでも，個人カルテと称して，聴力検査や発音指導の結果，指導記録，今後の課題等をまとめたものを作成したりしている。こうしたものの活用について，改めて創意工夫したいものである。

3) 主要な指導内容

聴覚障害教育においては，その障害の特性から，とかく，言語指導と聴覚活用，あるいは，手話や指文字などのコミュニケーション手段の選択・活用に関心が集まりやすいものである。しかし，教育そのものは，個々の児童生徒の全人的な育成を図ることを目的としており，学校の教育活動全体を通じて，このことに留意し，その達成を目指す必要がある。

しかしながら，聴覚に障害があることにより，まず，情報の獲得を図る手だてを講ずる必要があり，情報の主たるものは，言語により獲得されることを考慮すれば，聴覚障害教育においては，言語の習得及び言語概念の形成が緊急の課題となる。養護・訓練の主たる指導内容として，言語習得等に関することが取り上げられてきたゆえんである。

平成10年度の全国聾学校長会研究集録（平成11年3月刊）の「聾学校における養護・訓練の実態と課題について」の調査結果によると，特設された養護・訓練の指導内容として，次の事項が挙げられている。①発声・発語指導，②発音指導，③言語指導，④聴覚学習に関する指導，⑤聴覚学習・福祉に関する指導，⑥コミュニケーション手段に関する指導，⑦障害認識に関する指導，

⑧健康に関する指導，⑨進路に関する指導，⑩その他。

その他については，①劇を活用した指導，②交流における指導，③社会生活上の常識マナーに関する指導，④社会性を高める指導，⑤手指の訓練や微細運動に関する指導，⑥情報機器の活用に関する指導，⑦人間関係の形成にかかわる指導，などが例示されている。

これらの指導内容については，聾学校には，幼稚部から高等部までが設置されていることから，それぞれの発達段階に応じて，ふさわしいものが設定される必要がある。

ア　幼稚部段階

平成元年に新たに策定された幼稚部教育要領においても，養護・訓練が位置づけられ，その実績を踏まえて，平成11年の改訂において，小学部・中学部学習指導要領や高等部学習指導要領の自立活動と同様の表現に改められた。

聴覚に障害のある幼児の言語習得には適時性があることから，乳幼児期における適切な教育的対応が必要不可欠であり，対応如何でその後の在り方にも様々な影響が出やすいものである。幼稚部においては，個別に発音指導等を行うため，時間を設定して自立活動の指導を行う場合もあるが，幼稚部の教育活動全般を通じて，自立活動の指導を行う必要がある。

早期から幼児が保有する聴覚などを十分活用して，興味・関心をもって取り組むことのできる遊びを工夫し，様々な経験を積ませながら，言語の習得や概念の形成を図ることに重点を置いた指導を行う必要がある。

また，言葉は，人と人とのかかわり合いの中で身に付くものであり，初期には身振り，指差しなどの手段も活用されるが，少しずつ言葉が使われ，習得した言葉で，生活に必要な知識を広げ，いろいろな場面で物事を考えたり，行動したりできるようになる。したがって，言語指導はこの時期の重要な指導内容である。

イ　小学部段階

幼稚部での話し言葉の習得等を踏まえて，この時期は，書き言葉への移行，読みの基礎，身近な事象等に対する知識・理解を拡充することなどが重要視される。また，高学年になるに従い，自己の障害等に対する自覚も芽生えてくることから，こうしたことへの適切な対応も工夫する必要がある。

聴力測定と合わせて，補聴器等の管理についても意識して行えるようにした

り，発音の矯正にかかわる指導等を通して，自己の障害に対する認識や場や相手に応じたコミュニケーションの方法について，その関心を喚起したりすることなどが指導内容として考えられる。

とくに，この時期は，児童の興味・関心が広がる時期でもあることから，コンピュータ等を用いて楽しみながら取り組めるよう工夫することも大切である。

ウ 中学部・高等部段階

思春期を迎え，生徒の内面性にも複雑なものが見受けられる。自己の聴覚障害やこれに基づく意思疎通の困難などによる心理的な不適応や情緒的不安定を生じる場合もあることから，こうしたことを防いだり，ときには，こうした状況を改善することが指導内容として取り上げられることもある。

個々の生徒の得意なコミュニケーション手段を活用するなどして，意思の疎通の欠如や齟齬を未然に防ぎ，自己の障害の的確な認識や障害を克服しようとする積極的な意欲の喚起に結び付くような指導内容の設定が課題である。

また，高等部の卒業を控える時期においては，社会における聴覚障害者の生き方や福祉制度，社会常識やマナーに関する内容などが取り上げられる場合もある。いずれも，生徒の実態に応じて，自立活動の内容から必要な項目を選択し，具体的な指導内容を設定することが大切である。

4) 指導時間と指導形態

養護・訓練に充てる授業時数については，従前は，例えば，小学部・中学部学習指導要領において，「……年間105単位時間を標準とする……」としていたものを，今回（平成11年）の改訂においては，「小学部又は中学部の各学年の自立活動に充てる授業時数は，児童又は生徒の障害の状態に応じて，適切に定めるものとする」と改めている。

前述の全国聾学校長会の研究集録では，養護・訓練の指導時間について，回答した105校中，61校が「現在の時間数で充足している」と答え，31校が「現在の時間数では足りない」としている。

指導時間数の不足を訴える学校においては，「言語指導において，系統的，継続的に指導するには時間が足りない」ということである。

こうした状況も踏まえ，より一層，児童生徒の実態に応じた自立活動の指導が行えるようにするため，指導時間にかかわる規定が改められたのである。そ

の主旨に基づき，個々の児童生徒が必要としていることは何かについて十分検討を進めたうえで，具体的な指導内容・方法を創意工夫することが必要である。

　また，指導形態については，聾学校の場合，毎日例えば10分程度ずつ養護・訓練の指導を行う「帯養護・訓練」が実施されている学校が多い。

　小学部の単一学級の場合，帯養護・訓練の合計が週当たり1～2単位時間を設定している学校が43校に上っており，中学部や高等部においても帯養護・訓練が行われている。今後，自立活動の指導を進めていく際にも，こうした毎日行う必要のある内容については，継続して行っていくことが大切である。

　なお，養護・訓練の時間を設けて行う指導（特設養護・訓練）については，幼稚部において，週1～2単位時間が18校，週3～4単位時間が15校，週5～6単位時間が14校となっている。総合的な指導が行われる幼稚部にあっても，聴覚に障害のある幼児の実態や必要性に応じて，養護・訓練の指導にかかわる時間を設定して指導を行っていると考えられる。

　また，小学部から高等部までの単一学級については，小学部において，週当たり1～2単位時間が44校，週当たり3～4単位時間が40校となっている。なお，中学部から高等部に進むにつれて，特設養護・訓練の時間は，週当たり1～2単位時間の学校が多くなってくる。これは，基礎学力の確実な定着を図ったり，職業教育を充実したりする必要性などに基づき，教科の指導などに要する授業時数が多くなるからと考えられる。

5）指導方法の配慮

　前述の全国聾学校長会研究集録では，養護・訓練の効果的な指導の在り方についての回答において，必要な事項を，①全教師の協力体制，②家庭との連携，③病院の医師との連携，④その他，としている。その他については，教員の研修と自己研鑽の必要性を提起している。

　聴覚障害教育における自立活動の指導については，これまで，様々な実践が試みられている。発音・発語指導や聴覚を活用する指導，キュード・スピーチや指文字等を活用する指導についても，各学校における特色ある実践が見受けられてきた。今後も，こうした特色や伝統を生かすため，校内研修等に努め，教師の専門性の向上を図る必要がある。

　聾学校の教師の専門性については，前述の研究集録において，①言語指導の

基礎知識と指導，②補聴器の管理活用と聴覚活用，③読話，発語の指導，④誤音矯正の方法，⑤養護・訓練の内容と具体的な指導法，⑥コミュニケーションの理解と指導，⑦教科指導の方法，⑧読解力，読書力，作文力，構文力の指導，⑨進路，職業教育の指導，⑩聴覚障害についての理解，⑪発達過程と聴覚障害児の特性の把握，⑫母親への援助と指導・家庭等との連絡や連携，⑬重複児への指導の13項目にわたり，それぞれに具体的な内容を掲げている。

　教師がこれらすべてについて，専門性を有することはなかなか困難なことである。したがって，個々の教師の興味・関心に基づいて，まず，得意な分野における専門性を身に付ける必要がある。そして，それぞれの教師が連携を図りながら，各自の専門性を生かすように協力体制を築くことが大切である。

　学級担任が自立活動を指導している場合には，担任同士が，学級担任もしくは教科担任とは別に自立活動担当者がいる場合には，この両者が緊密な連携を図ることが重要である。つまり，教師間の協力体制が確立されているかどうかということである。

　また，指導上の工夫が必要な観点としては，①系統的に指導計画が編成されているか，②指導全般にわたって児童生徒を主体としているか，③担当者の研修の機会が十分であり，専門性が保たれているか，④適切に評価がなされているか，⑤教材・教具が整備され，適切に活用されているか，⑥教科等との連携がうまくとれているか，⑦家庭との連携がとれているか，などが挙げられる。

〔宍戸和成〕

(2) 指導計画の作成と展開例

1) 発音指導

ア　基本的な考え方

　発音における指導計画の作成と展開は，発音指導の目的を達成するように行わなければならない。発音指導の目的とは，子どもたちに，構音技術を習得させ，さらに，習得したことを「コミュニケーション」や「言語獲得」に活用させることである。

　ところが，指導がその目的を達成せず，「労多くして功少なし」ということ

がある。それは，次のような問題点があるからである。①構音を習得させる指導法を数多く持ち合わせていない，②構音の習得に指導が集中し，習得したことを活用させる指導が不足している，③発音担当（担任の場合もある）の教師だけに指導をまかせている，④子どもがいつも指導に対して受け身になっている。

したがって，指導計画の作成と展開に当たっては，これらの問題点について十分に配慮し，発音指導が子どもたちの自立に大きな助けとなるようにしたい。

　イ　子どもの実態把握

一つには，どの音韻の構音技術を，どのように習得させるかという計画を立てるために行う。それには，一つ一つの音韻の構音状況や聴覚の活用状況の把握が必要である。

もう一つには，習得した構音を活用させる指導を，具体的に考えるために行う。これには，子どもの興味・関心，言語力などが大切な資料となる。「花が好きだ」という情報は，習得した構音を，どんな内容の会話の中で活用させるかを判断するのに役立つ。

実態を把握する方法は，検査，質問，日常の観察などがある。例えば，構音検査は構音指導に不可欠であり，単音や単語を，文字を読ませて発音させる，あるいは教師の発音を模倣させるなどして実施する。なお，このような検査に応じない子どもには，構音指導はまだ早いと考えてよいであろう。

　ウ　目標の設定

ここで重要なことは，まず到達目標を活用場面を想定して設定し，次に，その目標達成に必要な下位目標を順序よく配列することである。カ行音の指導を例にとれば，子どもの実態から「自由会話の中で，カ行音のいくつかの語を発音する」という到達目標を設定する。そして，その目標達成の前提となる「（文字にたよらず）絵を見て，カ行音の語を発音する」というような下位目標を配列していくという手順をとる。こうすることで，指導が「コミュニケーション能力・態度の向上」と「言語獲得の促進」に確実に結び付くようにしたい。

また，人間形成という視点から，「学習に取り組む態度」「学習したことを活用する態度」についても目標を設定したい。この場合も，評価がしやすいように，「教師の模範をじっと見る」というように，目標を具体的にしておくことが大切である。

エ　指導内容の構成

　指導内容の構成に当たっては，子どもの実態に即した内容を設定し，さらにそれをどの時間に指導するのかを検討することが大切である。

　発音の指導内容は，学習指導要領に示す自立活動の内容を，発音の側面から具体化したものである。とくに，「5　コミュニケーション(2)(3)(4)(5)」および「2　心理的な安定(4)」とのかかわりが深い。

　指導内容の例として，次のようなものがある。

① 発音の基礎となる内容（・声や息を使った遊び　・舌の体操）
② 構音習得のための内容（・構音に必要な口唇や舌の動き，息づかい）
③ 単語や文の発音練習のための内容（・日常よく使う語や子どもの好きなことに関する語，教科用語などを使っての発音練習　・本や絵日記の音読）
④ 発音を他の技能や活動に結び付けた内容（・発音した語の書き取りや読話，聞き取り，口声模倣　・発音に着目したゲームや言葉遊び，手品）
⑤ 他の活動の中に発音指導を取り入れた内容（・生活や教科学習の活動内容）
⑥ 主体的な取り組みのための内容（・子ども自身が必要とするもの　・自分で内容が選択できるもの　・目標と方法が明確で，評価が自分でできるもの）

　指導は，教育活動全体を通して行うことが効果的である。自立活動の時間における指導として，とくに適しているのは，構音習得のための内容，単語や文の発音練習のための内容などである。

オ　具体的指導計画例（サスセソ音の指導計画）

　　対象児　幼稚部3年（5歳児）　平均聴力レベル　右104dB　左112dB

　だいたいの清音は，文字を見れば，構音を意識して発音できる。しかし，生活の中で構音に注意して発音できる語は限られている。聴力については，母音の聞き分けが70％程度できる。最近，文字を書くことに興味を示している。

　ここでは，未習得音のサスセソ音を，他の音韻の習熟を図る指導と並行して，指導する。そして，それらを含むいくつかの語を，正確に書いたり，会話の中で発音したりすることをねらう。

　指導の時間については，発音担当の教師が個別指導（30分）を週1〜2回行う。担任は，そこにときどき加わるとともに，絵日記指導や生活場面の中で発音指導を行う。また，家庭にも協力を依頼する。

月	目　　標	指　導　内　容
10月から12月	・構音を習得する。 ・課題に根気強く取り組む。	・舌の縁を左右の口角につけて，上下の歯の間から少し出す。 ・ストローを舌と上歯ではさみ，コップの水をすする。吹いて泡だてる。 ・ストローをはずして θ 音を出す。 ・舌を口の中に入れて s 音を出す。 ・s 音に母音をつなげる。
	・語の中で発音する。 ・発音した語を正確に覚える。 ・課題を自分で設定する。	・語の発音練習をする。(友達の名前，日常よく使う語，言葉絵辞典やパソコンソフトから子どもが自分で選んだ語，絵日記の文) ・言葉遊びをする。 ・発音した語を書く。
	・会話の中でいくつかの語を構音を意識して発音する。 ・自分から言い直しをする。	・給食時の会話や話し合い活動の中でよく使う語を，その場面で話す。

カ　指導上の留意点

　熱心に指導しているのに，効果が出ない，指導場面の雰囲気がまずくなるということがある。そこで，実際の指導に当たっては，次のことに留意したい。

①　補聴器をとおして，教師や子ども自身の発音を聞かせるために，静かな場所で指導すること。

②　構音には個人差があるので，一つの指導法にこだわりすぎないこと。数冊の本から情報を収集しておくこと。また，自分でも工夫すること。

③　母音の発音明瞭度が低いと，全体の発音明瞭度も低くなるので，その場合には，母音を丁寧に繰り返し指導すること。

④　緊張が続いたときは，子どもと冗談を言い合ったり，少し体を動かしたりして気分転換を図ること。

⑤　生活場面や教科学習の中で発音指導をするときは，その活動自体に支障がないようにすること。

キ　評価の観点

　「音韻の発音明瞭度」「会話の発音明瞭度」「口声模倣や読話力との結び付き」「正しい表記との結び付き」「学習に取り組む態度」「学習したことを活用する態度」に関することが，評価の観点になる。評価は目標に対する子どもの達成

度を測るので、具体的な評価の観点は、具体的な目標と同一になる。例えば、「ガの構音を習得し、60％以上の人が聞いて分かる程度に発音する」「書くときに、濁点を正しく付ける」「相手に分かるように発音に気を付けて話す」などである。

また、子どもについての評価と合わせて、指導計画や展開についての評価も行う。それによって、構音習得の指導法は有効だったか、子どもに成就感を味わわせることができたかなどを評価し、指導を改善することが大切である。

(宝田経志)

2) 話し言葉から書き言葉へ

ア 基本的な考え方

(ア) 「聞く構え」と「読みの構え」の育成

聴覚障害のある子ども（以下、「聴覚障害児」とする）は、相手が何を言っているのか分からないとき、聞き返したり質問したりして理解しようとする姿勢に乏しいといわれる。そこで、授業中のみならず日常生活全般において、あらゆる機会や場面を通して、意図的に様々な問いかけ（話し合い活動）を行い、あいまいな内容を確認しておくことが肝要である。

話し合い活動の形態としては、指導者と児童、児童同士等がある。最初は一対一でのやりとりが一定時間続くことが基本となる。そのやりとりがある程度続くようになったら、徐々に人数を増やしていきながら、言語活動の活性化を図っていくようにしたい。この場合、留意することは、自分が話し手でなくとも、目の前でやりとりをしている両者を絶えず追視しながら、話し合いに積極的にかかわっていくことが大切である。これが「聞く構え」といわれ、とくに聴覚障害児の場合、早急に身に付けさせなければならない資質の一つと考える（松原、1990）。聴覚からのあいまいな情報を視覚で補い、内容を理解すると同時に考えながら聴く。このことは、集団学習の中で、思考力を伸ばしていくことにもつながる。

次に必要になってくるのは、書き言葉も話し言葉と同じように、自分に関係あることであり、自分自身にある情報を投げかけているものであるという意識をもたせることである（松原、1989）。このことは、書き言葉と自分の経験とを絶えず照合させながら読むことを意味する。これが「読みの構え」といわれ、

書き言葉の学習を進める際，必要不可欠なものである。
　(イ)　書き言葉の学習を支えるもの
　小学部（小学校）へ入学すると，教科書を使った本格的な学習が始まる。教科書は書き言葉を中心に構成されており，教科書を使った学習は必然的に書き言葉を読む学習となる。したがって，読む力は国語科のみならず，どの教科・領域でも問われる能力である。また，読むことは本来，主体的な営みであり，児童自らが読んでみようとする意欲・態度に，その成果が左右される。聴覚障害児の場合，障害の部位からも，将来的には書き言葉（文字文化）から情報を得ることが主となる。したがって，学校教育を終える前に，彼らに広く且つ正確に情報を獲得する手段・方法を丁寧に教えていくことが，将来，自立を図るうえで是非とも必要と考える。

　聾学校小学部の児童の実態をみた場合，読む力や言葉の発達等にも個人差があるため，国語科だけで読む力を付けていくのに困難なことが多い。そこで，この段階においては，幼稚部時代までに獲得された話し言葉の力を基にして，読み書きの初歩的な力を身に付けるための橋渡しのような指導，いわゆる「わたりの指導」を聾学校では経験的に行っている（斉藤他，1986）。これは，児童の実態等によっては，高学年の段階まで継続する場合もある。

　このような指導と併行し，言語面での補充として，社会的な雑学・常識等の指導も行っている。これは，教科の学習を支えるものとして，学校の教育活動全体を通して行うことが大切である。

　イ　児童の実態把握
　聴覚障害児の実態把握としては，聴力検査（補聴器装用時閾値検査も含む）をはじめとして，生育歴や各種の発達検査（運動・認知面，言語・コミュニケーション面等）及び保護者の願いなどが必要事項となろう。それらと併せ，話し言葉から書き言葉への学習に移行する小学部低学年段階の言語活動に関する実態も把握しておく必要がある。以下，その具体的な内容(例)を示す。
① 「話し言葉」に関するもの
　・自分の気持ちや思ったこと等を表出しようとする意欲があるかどうか。（身近な人への簡単な伝言など）
　・言葉と具体物（半具体的も含む）とのマッチングや言葉の仲間分けが，ある程度できるかどうか。

・聞いたことが分からないときは，分からないそぶりをしたり聞き返したりすることができるかどうか。
② 「書き言葉」に関するもの
・平仮名全部とカタカナの大体を書くことができるかどうか。（文字と音節のマッチングも含む）
・身近な読み物（児童の日記も含む）に注意を向けて，音読することができるかどうか。
・身近な生活経験（自分で描いた絵や写真等）について，まとまった話をすることができるかどうか。

ウ 目標の設定

前項の実態把握に基づき，指導目標を設定する。とくに「自立活動」については，個別の指導計画を作成し，児童一人一人の指導目標を明確にしておく必要がある（例；読み取ったことについて正しいイメージをもつ。事柄の順序を整理して書いたりし，書き言葉に慣れる）。

エ 指導内容の構成

話し言葉から書き言葉への「わたりの指導」（例）として，次の五つの内容があげられる。
① 話されたとおりに書く，書いたことを声に出して読む，読んだとおりに書くこと（音韻表象を確立させ，正しく表記させること。口声模倣を繰り返しながら話し言葉を鍛えることなど）。
② 自分で経験したことを綴り，それをきちんとした日本語に直して確実に覚えること（自分に関係のある正しい日本語の文を覚えることによって，母国語の言語感覚を身に付けることなど）。
③ 日常生活の中で，読む必要がある場をたくさんつくり，書き言葉も話し言葉と同様に自分自身に投げかけられている一つの情報として意識させること（「読みの構え」の育成との関連）。
④ 児童の言葉の力に見合った読みの教材を用意し，一緒に読むなどして書き言葉への抵抗をなくしていくこと（昔話などの身近な読み物，児童の日記や観察文等を読みの教材として活用することなど）。
⑤ 文を読んで，そのとおりに行動したり，行動したことを書き言葉にしたりすること（読んで分かったか，分からないか，本人が確認しやすいように図

式化・動作化するなど，その方法に工夫を加えること）。

オ　具体的な指導計画(例)

以下に示す指導計画は，小学部低学年を想定して作成したものである。指導時間は，週2時間で年間70単位時間である。指導形態は原則として学級単位であり，必要に応じて同じ言語レベルの児童同士によるグループ学習も取り入れる。

月	月別目標 (短期目標)	指導内容・方法等 (指導形態)	実施時数 /配時	評価・課題
4	具体的な場面の中で，的確な言葉で表現しようとする意欲・態度を育てること	・直接経験したことや指導者との共通経験等をもとに話し合う（学級単位，以下同様）。 ・生活の中でいろいろな事柄に目を向け，言葉で表現しようとする姿勢を身に付ける。	6/7	
5	身近な生活経験について，相手ときちんと内容をやりとりする中で，言葉を広げ，内容を豊かにすること	・日常的な出来事や見聞したことなどについて話し合い，相手に分かるように正しく表現する（学級単位，A・B児グループ学習）。 ・友達の話に興味をもち，分からないことやもっと聞きたいことなどを尋ねることができる（学級単位）。	8/8	
6	自他の経験等にかかわる気持ちや心情を話し合い，事柄の順序等を正確に表現すること	・自分の行動を振り返って，その時の気持ちや思ったことなどを話し合い，それらを適切な言葉で表現する（C児童・D児個別指導，以下同様）。 ・通学の道順などを絵や地図をもとに，順序通りに話したり書いたりすることができる。	8/8	

カ　指導上の留意点

　聴覚障害児への書き言葉の指導は，昔から困難を極めている。指導に多くの時間を費やしても，助詞や構文上の誤りはなかなかなくならない。児童は話すように書き，書くように話しているのが現状である。その解決には王道はない。

　書き言葉の基盤は話し言葉にあるといわれる。そこで，書き言葉でつまずいたら，すぐ話し言葉にもどって指導すべきである。このことを常に意識して指導に当たる必要があろう。そして卒業後，表記上の間違いがあろうとも一生涯を通じ，自分の意思を伝える一つの手段として，書き言葉を使いこなせる児童に育てていきたいものである。

　書き言葉を指導する際の具体的な留意点として，以下の4点が挙げられる。

① 日常生活の中で，常に話し言葉を鍛えておく（５Ｗ１Ｈ等の読みのスキルを育成することなど）。
② 書く活動を国語科以外の教科の中にも多く取り入れる（授業の中で必ず読む・書く活動を入れることなど）。
③ 本人にとって読みの抵抗が少ないように配慮する（教材文の書き替え，読むことの楽しさを実感させる）。
④ 読む体験を多く積ませ，年齢相応の言葉にも触れさせる（身近な絵本や物語等の読み聞かせなど）。

キ　評価の観点

評価の結果を今後の指導に生かしていくための「指導と評価の一体化」は，学習指導要領にも明記されている。とくに「自立活動」の評価は，個への対応が十分であったかどうかの観点が重要と考える。「個別の指導計画」の作成を義務づける段階に当たっては，担任も含めた複数の者による指導内容・方法の見直しや改善を行う必要があろう。

具体的な評価の観点・内容を以下に示す。

① 評価の時期
　・指導を行った後随時，週・月・学期・年度ごと，題材・単元ごと，学部修了後，インテグレーション時
② 具体的な評価の観点・内容等
　・主体的な学習活動を児童に保障したかどうか（児童からみて本当に楽しい活動であったかどうかも含む）。
　・集団での指導では徹底しにくい個への援助・支援をさらに充実させることができたかどうか。
　・児童一人一人に何をどのように指導したらよいのか，教師間の共通理解が図られたかどうか。
　・話し言葉と書き言葉の指導に関しての検査
　　（言語活動評価表（斉藤他，1986），絵画語彙発達検査，読書力診断検査，ITPA言語学習能力診断検査，各種検査等）

今後とも，個に即した指導をさらに充実させ指導の効果を高めるため，保護者や関係機関等との連携を深め，評価に客観性をもたせていくべきであろう。

〔松原太洋〕

3　知的障害児に対する指導

(1) 基本的な視点

1) 知的障害教育における自立活動の特色

　知的障害教育における自立活動については，学習指導要領解説（自立活動編）では以下のように示されている。
「知的障害者を教育する養護学校に在籍する児童生徒には，知的発達のレベルから見て言語，運動，情緒・行動などの面で，顕著な発達の遅れや特に配慮を必要とする様々な状態が，知的障害に随伴してみられる。このような児童生徒には，知的発達の遅れに応じた教科の指導などのほかに，上記のような随伴してみられる顕著な発達の遅れや特に配慮を必要とする様々な状態についての特別な指導が必要であり，これを自立活動で指導する」
　つまり，学習指導要領において，知的障害者を教育する養護学校の各教科は，知的の発達の遅れに対応して，重度から軽度の者が家庭生活や社会生活などに必要とされる内容を示していることから，知的障害そのものへの対応は各教科で行われる。
　自立活動は，各教科・道徳・特別活動に示されていない目標と内容であるが，盲学校，聾学校，肢体不自由養護学校及び病弱養護学校における自立活動は，それぞれの障害に基づく種々の困難に直接的に対応しているのに対して，知的障害教育では随伴する点について指導することが特色である。つまり，知的発達の遅れの程度が重度であっても，その指導内容は，直接自立活動の指導内容とはならないことに留意する必要がある。
　このことから指導内容では，例えば，以下のような例が挙げられる。
① 　言語面では，ダウン症に見られる構音の障害，特異な言語の習得と使用（エコラリアなど），理解言語と表出言語の大きな差ではクレーン行動などが見られる。

このような状態に対しては，発音や発語の指導が挙げられる。
② 運動面では，上肢や下肢の軽度のまひ，ダウン症に特徴的に見られる筋力の低さ，両手の協応，手足の協応，平衡感覚機能の乏しさなどがある。
　このような状態に関しては，トランポリン，平均台，手すりのついた階段の昇降，巧技台などを用いた指導が挙げられる。
③ 情緒や行動面では，過去の失敗経験などによる自信欠如，固執行動，多動，自傷，他傷（他害），極端な偏食，異食行動，情緒発達の未成熟などがある。
　このような状態に対する指導では，情緒の安定を図りつつ，場に応じた行動の改善を図ることが重要である。とくに，自閉症の場合は，学校生活全般にわたって児童生徒が見通しをもって活動できるよう，写真や絵などの視覚刺激を活用した予定を示すなど，活動内容を明確にし定型化することが重要であることが多い。
④ 健康面では，てんかん，心臓疾患などが挙げられる。
　このような状態に対しては，自らの体調を押さえた日々の活動と疲労の程度の理解，投薬の自己管理などの指導が大切である。
⑤ 感覚や知覚面では，両手の協応，弁別力などがある。
　このような状態に対しては，感覚機能を高める遊びや，弁別，対応などの指導がある。

2) 指導計画の作成と実際

自立活動の指導は，次のような場面で行われる。
① 自立活動の時間における指導
② 各教科，道徳，特別活動及び総合的な学習の時間における自立活動の指導
③ 領域・教科を合わせた指導における自立活動の指導

　先に例示したように，児童生徒一人一人に随伴する面が異なることから，自立活動の指導内容も，言語面の対応を必要とするもの，運動面の対応を必要とするものなど，異なってくる。このため，自立活動の指導については，一人一人の課題を明確にすることが重要である。
　とくに，自立活動の時間を設ける場合，個々の児童生徒の自立活動の指導内容は，言語面であったり，運動面であったり，健康面であったりするなど，多様であることから，同一学年で画一的に指導することは適切でない。

このため，限られた指導者数で行う場合は，言語グループや運動グループなどの小グループを設ける方法がある。また，一人一人の児童生徒の実態を考慮し，特定の時間に抽出して指導する方法もある。

指導に当たっては，個人あるいは小集団を対象に進めることが大切である。また，指導の対象となる児童生徒の障害の実態を的確に把握し，適切な指導を計画するためには，医療機関，相談機関の協力を得ることも大切である。

3) 他の障害を重複する場合

知的障害と併せて，視覚，聴覚，言語など他の障害を併せている場合，それぞれの程度によって対応が異なってくる。

例えば，聴覚障害が軽度で知的障害の程度が重度の場合は，知的障害への対応が多くなるが，逆の場合は，自立活動への対応が大きくなるといえよう。

4) 個別の指導計画の作成

個別の指導計画の作成に関する研究では，次のような傾向が見られる。

① 実態把握においては，知能検査や発達検査などを利用した知的発達の程度及び社会性の発達のほか，身辺自立などの基本的生活習慣，言語発達，集団参加の状況，運動能力，情緒面の発達，健康に関することなどの多様な視点から全体像をとらえることにより，随伴する面が明らかになっている。

② 学習上の特性や，抽象化した自立活動の目標や内容は，児童生徒がとらえにくく，むしろ領域・教科を合わせた指導の中で行う方が取り組みやすいことから，全体計画を作成した中に，随伴する側面の自立活動の指導を取り入れた方が適切である。

③ 個別の指導計画の作成では，指導内容を分析的な観点から，認知・言語・運動・余暇・性格等に分け，目標・内容・留意事項などを示した形式と，授業の単位の名称（日常生活の指導，生活単元学習，作業学習，国語，算数，音楽，体育等）に分け，目標・内容・留意事項などを示したものがある。前者は，指導の焦点が明確であるが，授業の単位の名称とは異なるため，1年間の長期目標を設定し指導の評価をする際に役立ち，後者は，授業と直接結び付き，保護者も理解しやすい特徴から，学期ごとなど短期の計画が適している。

自立活動の指導は，個々の児童生徒についての指導内容が学校生活全般にわたるために，「自立活動の時間における指導」のみの指導計画では十分と言えない。また，知的障害教育においては，知的障害に随伴する側面に対応する自立活動の個別の指導計画の作成よりも，重複障害者の個別の指導計画と同様に，全般的な個別の指導計画を作成し，その中で随伴する側面についての対応を明確にする方が，個に応じた指導の充実を図ることにつながる場合が多いと考えられる。

5）領域・教科を合わせた指導と自立活動

　領域・教科を合わせた指導の中で，例えば，日常生活の指導において着替えの指導を行う場合，衣服の着脱は生活科の中の基本的生活習慣に含まれるものであるから，自立活動の指導ではない。衣服の着脱の指導を通して，自立活動の指導を行うのであれば，まひがあるためにボタンホールを大きくしたり，ボタンの替わりにマジックテープを使用したりして，左右の手指の協応動作を育てたり，はじめに掛けるボタンの色を変えたりして，感覚機能を促したりすることなどをねらいとする必要がある。

　また，例えば作業学習においては，まひのある生徒に対してジグや補助具を開発し，十分に作業活動ができるような工夫を行い，運動機能の発達を促している例が多くある。

　なお，領域・教科を合わせた指導（日常生活の指導・遊びの指導，生活単元学習・作業学習など）の中で，自立活動の指導を行っている場合は，自立活動そのものの内容を各教科等と合わせて指導しているのであるから，各教科等における自立活動の指導とは異なっている点に留意する必要がある。　**（吉田昌義）**

(2) 指導計画の作成と展開例

1）自閉を併せ有する児童の指導

　自閉症には対人関係の障害やコミュニケーションの障害をはじめ，様々な症状が認められる。自立活動における実際の指導では，これらの障害特性を十分に踏まえた計画的，意図的な指導が展開されなければならない。ただ漫然と

日々の授業を繰り返していれば目標が達成されるというものではない。

　では，一体何を指導目標とすべきだろうか。もちろん，対象とする子どもによって異なるが，まず，優先的に指導すべき目標（課題）を具体的に絞り込むことが必要である。その際，「それを達成することによって，現在および将来，その子と家族にとってどのような利益があるのか」という視点が必要不可欠であると考える。

　例えば，いわゆる問題行動があって，本人や家族あるいは周囲も困っている状況が現実にあるとするならば，すべてに優先して「不適切な行動を改善する」という目標を設定すべきである。そして，ここで重要なのは，個別の指導計画書にその内容を記述すること以上に，どのような方法によって実際に解決するのかという点である。以下，具体的な事例を通して考えてみたい。

　一日に何十回も教室を飛び出してしまう自閉症のA君のケースである。授業は頻繁に中断され，担任はA君を追いかけることに疲弊していた。その状況を知った保護者もいたたまれない思いであった。自分で蒔いた種とはいえ，A君自身にとっても学習が蓄積されずに不利益を被っていた。

　担任は，まずA君が「いつ」「どこに」飛び出すのかを詳細に記録した。次に，その記録から「なぜ飛び出すのか」を分析した。こうしたアセスメントの結果，飛び出し行動の原因を以下のようにとらえられた。

① 授業が理解できない，つまらない，やり甲斐がないから。
② 自分の要求を他者に伝える手段をもっていないから。
③ 具体的なやり方が理解できないから。
④ スケジュールがA君に理解できる情報として示されていないから。

　こうした分析から，A君への実際の指導と教育環境の整備が以下のように行われた。

　a）言葉が理解できる子どもを中心に進められてきた授業を改善し，集団授業の中に，A君が参加可能な課題を組み入れた。また，個別指導の時間を設けて，A君にとってやり甲斐のある教材をたくさん用意した。さらに，昼休みなど時間を持て余しているときに，やりたい課題を自分で選択してから，一定時間やってよいことにした。

　b）A君は言葉をもっていなかったので，写真カードやVOCA（音声出力装置）を使って，機能的なコミュニケーション行動の形成を試みた。「滑り台に

行きたい」,「パズルがしたい」,「先生,教えて」,「終わりました」などである。これらのコミュニケーション場面において,周囲は先回りして理解せずに,「ん？」と何秒間かA君の自発的な反応を待った。自発的なコミュニケーション行動が出現した場合には,教師は満面の笑みを浮かべて褒めるようにした。しかし,必ずしもすべてが許容されるわけではないことも,徐々に教えていく必要があった。周囲とコミュニケーションをとることは,とても便利であるということをA君自身が感じとることが重要であった。

　c）いわゆる問題行動を減少させようと躍起になるより,適切な行動レパートリーを増やすことを考えた方が,効果的な場合が少なくない。下の写真は,一人で廊下のモップかけを行うためのカードである。廊下の床には予め番号を書いたシールを貼っておく。A君は,首から下げたこのカードの番号（色）を手がかりにモップをかける。床の番号に合わせて,カードのクリップを自分で操作すれば掃除中の楽しみにもなる。自分で自分の行動をモニターしながら,作業を進行できるスキルを身に付けておくことは,将来自立した生活を送るうえで,極めて有力な武器になるはずである。

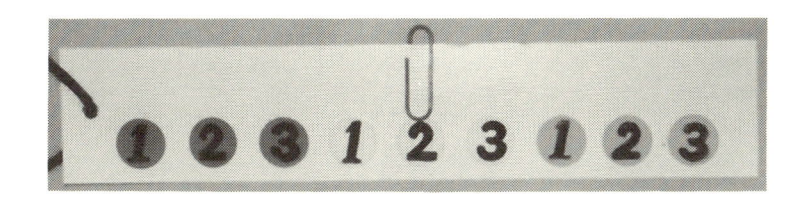

「モップかけが終わったら5分間好きな場所に行っていいよ。ただし,どこへ行くか先生に伝えてからね」となれば,もはや不適切な飛び出し行動ではなく,立派な余暇活動である。自閉症の子には,その活動がいつ終わるのか,終わったら何ができるかを,わかりやすく示してやることである。一人でできる部分が次第に増えてきたら,床シールを取り除くなど,援助を少しずつ減らしていけばよい。さらに,給食当番や係り活動などにも,自発的行動のレパートリーを拡げていけるならば,周囲から認められる機会は,必ず増えるはずである。やり甲斐のある活動が,日常生活の中にたくさん散りばめられていれば,もはやあえて飛び出す必要はなくなるわけである。

　d）自閉症の子どもが安定して生活するためには,見通しをもたせることが

第5章❖指導計画の作成と展開

〈A君のスケジュール帳〉

| | 月(がつ) | 日(にち) | 曜日(ようび) |

朝(あさ)　　あさのかい
　　　　　　まらそん
1　　　　　げんご・すうりょう
2　　　　　さぎょう
3　　　　　さぎょう
給食(きゅうしょく)　きゅうしょく
4　　　　　たいいく
帰(かえ)り　そうじ
　　　　　　かえりのかい

110

重要である。予定を伝える場合，言葉や文字が理解できない子には，視覚的な情報を提供すべきであろう。

前頁の図はＡ君のスケジュール帳である。パソコンとデジタルカメラを利用して，日課の写真シールを作成した。毎朝登校すると，黒板の予定表を見ながら，スケジュール帳を埋めていくのである。将来的には，文字情報だけでも一日の予定が理解できるように，プリントした文字を鋏で切り取って，貼り付ける作業も加えた。これによって，「いつ」，「どこで」，「何をするか」Ａ君に理解できるように示せるばかりか，朝のひとときが彼にとって楽しみな時間となった。

こうした取り組みの結果，それまで１日 30 回以上あった飛び出し行動が，３か月後には１日３～４回にまで減少した。そればかりか，掃除の時間には，スケジュールを見て，自分からモップかけを行う姿も見られるようになった。

コミュニケーションがうまくとれないＡ君は，飛び出すという行動によって，「わからないよう！」，「つまらないよう！」，「もっと分かりやすく教えてよ！」，「もっとぼくにかかわってよ！」と，必死に訴えようとしていたのに違いない。教師の側からは，問題行動とされてしまう現象も，彼からすれば，コミュニケーションの一つの手段としてとらえることもできる。われわれは，問題行動を一方的にコントロールすることを考える以前に，彼がそのような行為に及ばざるを得なかった要因を，彼の側から分析し，よりよい教育環境をまずコーディネートすべきであろう。いかなる援助があれば，もっと質の高い生活が実現できるのかを吟味し，そこから具体的な指導へと展開していくのである。このことは，これからの自立活動を考えるうえで重要な視点になると考えられる。

（安部博志）

2) まひを併せ有する児童生徒の指導

ア　基本的な考え方

知的障害とまひを併せ有する児童生徒の自立活動の指導に当たっては，知的障害の程度から派生する運動・動作の緩慢さと合わせて，まひそのものへの対応を複合的に考える必要がある。障害そのものから生じる種々の困難の改善・克服に加えて，補助具や自助具の活用を図り，かかわりやすい状況を作り出しながら，日常生活に必要な基本動作の習得を目指していく取り組みを考えてい

きたい。これらの取り組みは，単一の指導ではなく，児童生徒の実態に応じて，障害に基づく種々の困難を改善・克服するため，内容の複合化を図りながら個別の指導計画を作成していくことが大切である。

本項では，右手にまひのある生徒の食事にかかわる自立活動の指導の一端を紹介し，まひによって生じる困難を，まひのない左手での活動に置き換えて困難を改善していく過程を紹介したい。また，そのために必要な自助具や補助具の活用についても併せて紹介したい。

　イ　生徒の実態把握（食事動作に視点をおいて）

まひによって生じる困難の度合いや，代替え機能（左手の機能）の動作の獲得の状況などを考慮し，総合的に必要な指導の内容を把握する。そのための観点として，以下のことを考える必要がある。

① 診断名や障害程度
② まひの状態と代替えできる左手の動作・機能の状態の把握
③ 食事用具の使い方（既成の食器類の本人の活用状況の把握）
④ 食事への意欲や関心の状態
⑤ 介助の必要度や介助者とのコミュニケーション

　ウ　目標の設定

改善しようとする内容をどの程度まで，どのくらいの期間で，どんな段階を経て指導計画を立てていくか，それぞれに応じて大きくは以下のように長期的あるいは短期的な目標を設定する。

〈長期的目標〉
・自立した食事が楽しめ，食事に意欲的に取り組めるようにする。

〈短期的目標〉
・自助具・補助具の使用に慣れる。
・介助の手を少なくし，自立した食事がとれるようにする。
・楽しく積極的に食事をとれるようにする。
・食事中の雰囲気や会話を楽しめるようにする。

　エ　指導内容の構成

食事にかかわる一連の運動・動作や興味・関心，意欲といったものは，総合的な生活力と関連するものである。食事一つの場面を取り上げてみれば，自立という視点では，小さな一面であるかもしれないが，小さな自立の積み重ねが

3 知的障害児に対する指導

　先々の大きな自立へとつながっていく。一つ一つの小さな力は，生活全般に般化されていくものと考える。自助具・補助具を活用した食事指導を，自立活動の内容と関連させてとらえると，以下のようになる。食事を自分でとるという行為が，いかに多くの自立活動の内容と関連し，児童生徒の主体的な活動を導き出しているかが理解できる。

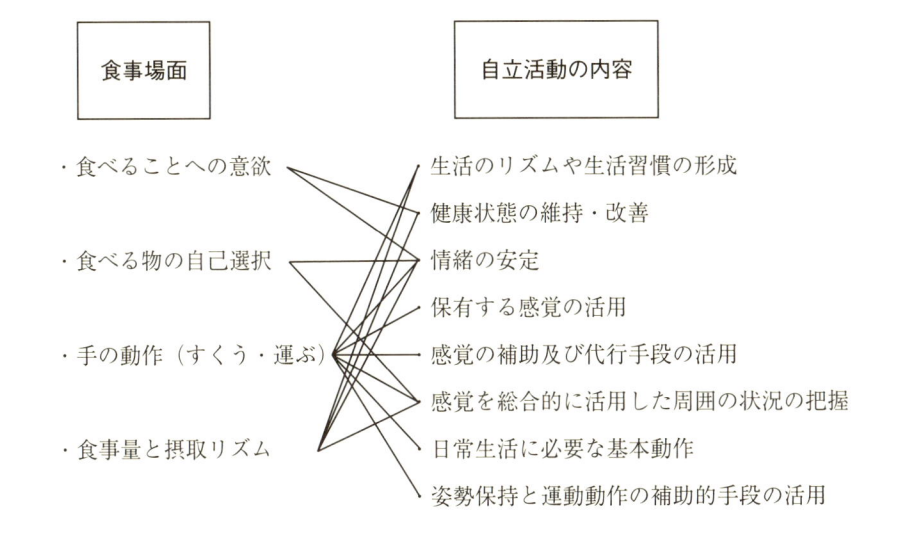

食事場面	自立活動の内容
・食べることへの意欲	生活のリズムや生活習慣の形成
	健康状態の維持・改善
・食べる物の自己選択	情緒の安定
	保有する感覚の活用
・手の動作（すくう・運ぶ）	感覚の補助及び代行手段の活用
	感覚を総合的に活用した周囲の状況の把握
・食事量と摂取リズム	日常生活に必要な基本動作
	姿勢保持と運動動作の補助的手段の活用

オ　具体的指導計画例

　食事にかかわる個別の指導計画の作成では，食事場面のビデオ分析を行いながら，食材やメニューとも関連させて，スプーンや食器類の工夫や開発に重点をおいて検討した。指導課題を「主体的に日常生活をしていく上で必要とされる基本動作」の習得とし，「介助の手を少なくし，自立した食事がとれるようにする」ことに目標をおいた。

① 　スプーンやフォークの改良
　・柄の握りやすさと材質
　・腕の動きとスプーンの角度
② 　食器の改良
　・すくう部分の角度や高さ
　・食器の大きさや重さ

スプーンやフォーク，食器類は障害者用に市販されているものもあるが，なるべく使いやすいものをと考えると，本児の実態に合わせた形状のものを開発する必要があった。開発に当たっては，担任の他，食器の具体的な製作にかかわる教師の参加も要請し，協力を願い，次のような段階を経ながら，ケース会議を重ね，進めていった。
① それまでに使用していたスプーンフォークによる食事のビデオ分析
② 本児のまひの状態，手指や腕の動きの観察
③ 試作したスプーン，フォークを使用しての食事の分析
④ 試作したスプーン，フォークの改良
⑤ 改良したスプーン，フォークを使用しての食器類の検討
⑥ 試作した食器類を使用しての食事の分析
⑦ 試作した食器類の改良

カ　指導上の留意点

　食事に関する指導の一番の留意点は，本人の同意を取りながら進めていくことである。知的な障害が重く，意思の疎通がうまく図れない場合でも，指導に当たっては，本人の気持ちや，意思を常に配慮しながら進めなければならない。技術面の指導が中心になって本人の意思を無視した指導にならないように心がけた。
　具体的には，①自分で食べたいものを選ばせる，②食器類の交換に当たっては必ず声かけをし，本人の同意を得る，③本人主体を原則に介助者は必要以上

に手を出さない，④いろいろな物に手を出せるように言葉による誘導を行う，等である。

　キ　評価の観点

　改良したスプーンや食器類を使用するようになって，本児の食事に関する自立は飛躍的に進歩した。また，「自分で食べられる」という実感が，学校生活全般に般化し，情緒の安定や行動の広がりを見せている。食事の指導の場合は，「残さず食べられた」，「こぼさずに食べられた」，「早く食べられるようになった」など，比較的目に見える具体的な事柄を評価しやすくなるが，このような客観的な評価を考慮しつつ，「おいしかったね」，「おなかいっぱいだね」というような主観的な評価の共有もまた大切である。

　食事に関する介助の手を少なくすることは，本人の自立に向けての視点からだけでなく，介助者の負担の軽減にもなる。介助者に余裕をもたせることで，食事中に会話が広がったり，介助者以外の人ともコミニケーションを広げたりすることが可能になる。また，介助を受けての食事の場合は，食事の場所や条件が限定されがちであった。介助になれた特定の人との食事場面が，介助を減らすことで本人の自由度が高まり，それがいろいろな場面へと広がりをみせ，本児の社会参加がさらに拡大されたといえる。

〔石川雅章〕

4　肢体不自由児に対する指導

(1)　基本的な視点

1)　現状の問題点

「養護・訓練」領域は，昭和46年に肢体不自由養護学校の学習指導要領に規定されて以来，約30年間，教育課程の重要な一領域として位置づけられ，指導内容・方法等に関する研究が，着実に積み重ねられて大きな成果を上げてきた。

しかし，今回（平成 11 年）の学習指導要領の改訂においては，この領域が一人一人の児童生徒の実態に対応した活動であることや，自立を目指した主体的な取り組みを促す教育活動であることなどを一層明確にする観点から，「自立活動」という名称に改められた。

　肢体不自由養護学校においては，今日，児童生徒の障害の重度・重複化，多様化が顕著になったうえに，医療的な配慮を要する児童生徒も増加傾向にある。また，極めて障害の重度な重複障害児も就学するようになり，自立活動が指導の中心となるような児童生徒が増加している。このような実態の中で，これまで以上に自立活動の指導の充実が必要な現状にあるといえる。

　そこで，今後自立活動の指導の充実を図るためには，次のような課題が挙げられる。

ア　幼児児童生徒の障害の重度・重複化，多様化への対応

　肢体不自由養護学校の重複障害学級の在籍率（幼稚部～高等部）を，平成元年度と平成 11 年度で比較してみると，平成元年度は 48.7％であったが，平成 11 年度は 69.4％とその占める割合は，在籍者の 3 分の 2 と高くなっている。また，単一障害の児童生徒においても，主障害が比較的軽度から重度まで，その実態は複雑多岐にわたっている。

　こうしたなかでは，例えば，コミュニケーションについて言えば，発声・発語能力を高める指導からサインの獲得まで，個々の実態に応じた指導が必要である。

イ　研修の機会の充実と資質の向上

　学習指導要領の自立活動における規定では，指導計画の作成と内容の取扱いにおいて，「自立活動の時間における指導は，専門的な知識や技能を有する教師を中心として，全教師の協力の下に効果的に行われるようにするものとする」と示されている。各学校においては，自立活動担当教員も配置されているが，実際のところ，自立活動に関する専門的な知識・技能を有する教師が不足している現状である。

　この自立活動に関する専門的な知識・技能は，様々な機会に得た知識・技能を実際の指導場面で児童生徒に適用して，指導の効果を細かく評価し，さらに技能等を高める努力を日頃より積み重ねることによって高められるものである。

　そこで，自立活動に関する研修の機会の充実が必要になってくる。自立活動

の指導に関する研修は，国立特殊教育総合研究所や大学，あるいは各都道府県等において実施されているが，こうした機会をとらえて研鑽を深めるとともに，その一方で各学校では，組織的な校内研修の機会の充実が必要である。各学校において，その重要性を認識し，年間計画のもとに自立活動に関する研修の充実を図り，全教師が自立活動についての専門的な知識・技能を身に付けるように工夫していく必要がある。

ウ　発達段階に応じた指導の工夫

肢体不自由養護学校においては，小学部から高等部まで一貫した教育が行われている。したがって，自立活動の指導を進めていくうえで，それぞれの発達段階に応じた指導の工夫が必要である。

小・中学部段階においては，自立活動の指導内容は，基本的な内容が中心となるが，高等部においては，進路等も踏まえ，小・中学部の指導内容を基本としながらも，障害を正しく理解し，自己管理や自己理解できるような指導，また，社会生活を送るうえで実用的な手段を活用するなどの指導が必要になってくるので，そのことを踏まえ，指導内容・方法の工夫をしていく必要がある。

2)　指導計画作成上の配慮

今回（平成 11 年）の学習指導要領においては，児童生徒一人一人の実態に基づいた個別の指導計画を作成することが規定されている。

自立活動における個別の指導計画を作成するに当たっては，まず，個々の児童生徒の障害の状態や発達段階等の的確な把握を行い，それに基づいた指導の目標を明らかにしたうえで，自立活動の第 2 に示す内容の中から必要な項目を選定し，それらを相互に関連づけて具体的な指導内容を設定していくことになる。

その際，押さえておかなければならないことについて述べる。

ア　実態把握

個々の児童生徒の実態把握は，すべての教育活動において必要であるが，肢体不自由児童生徒の場合，実態把握の主な内容としては，疾患名，障害の部位，健康状態，運動能力，知的発達の程度，人やものとのかかわり，心理的な安定の程度，コミュニケーションの状態，日常生活動作の能力，性格，行動，興味・関心，生育歴，家庭環境等，様々なものが挙げられる。

実態把握の具体的方法としては，行動観察などの観察法，生育歴や様々な調査結果の収集などの情報収集法，各種の検査などを行う検査法等が挙げられるが，それぞれの方法の特徴を十分踏まえながら，何を明らかにするのかの目的に即した方法を用いることが大切である。重複障害児童生徒の場合は，障害が重度であるために，一般の検査が実施できないことが少なくないので，このような場合は，行動観察や発達段階表などを利用して，実態把握を十分工夫することが大切である。

　また，教育的な立場や心理学的な立場，医学的な立場，保護者等第三者からの情報による実態把握も大切である。

　なお，このようにして得られた情報は，実際の指導に生かされることが大切であり，個別の指導計画を作成するために必要な範囲に限定するとともに，その情報の適切な管理についても十分留意する必要がある。

　イ　目標及び指導内容の設定

　指導目標の設定に当たっては，各部の在籍期間，学年などの長期的な観点に立った目標とともに，当面の短期的な観点に立った目標を定めることが必要である。この場合，個々の児童生徒の障害の状態等は変化しうるものであるので，とくに長期の目標については，今後の見通しを予測しながら指導目標を適切に変更しうるよう弾力的対応が必要である。

　学習指導要領に示されている自立活動の内容は，人間としての基本的な行動を遂行するために必要な要素と，障害に基づく種々の困難を改善・克服するために必要な要素を挙げ，それを分類・整理したものである。自立活動の内容の五つの区分は，実際の指導を行う際の「指導内容のまとまり」を意味しているわけではない。つまり，「健康の保持」，「心理的安定」，「環境の把握」，「身体の動き」，「コミュニケーション」のそれぞれの区分や項目に沿って指導計画が作成されることを意図しているわけではないので，個々の児童生徒の実態に応じて，具体的な指導内容を選定し，それらを組織した指導計画を作成する必要がある。

　指導内容を設定する際の配慮事項として，①児童生徒が興味をもって主体的に取り組み，成就感を味わうことができるような指導内容，②児童生徒が障害に基づく種々の困難を改善・克服しようとする意欲を高めることができるような指導内容，③個々の児童生徒の発達の進んでいる側面をさらに伸ばすことに

よって，遅れている側面を補うことができるような指導内容を取り上げることにも十分考慮する必要がある。

さらに，指導計画の作成に当たっては，各教科，道徳，特別活動及び総合的な学習の時間と自立活動の内容との関連を図り，両者が相補い合って，効果的な指導が行われるようにすることが大切である。

3) 主要な指導内容

肢体不自由養護学校に在学する児童生徒の障害の状態は多様であり，自立活動の時間における指導内容は幅広いものとなっている。各学校において，児童生徒一人一人の実態に応じて指導の重点をどこに置くかに違いはあるが，主な指導内容を例示すると，次のようなものが考えられる。ただし，例示した内容は，あくまで例示であるので，実際の指導においては，一人一人の実態に応じて具体的な指導内容を設定していく必要がある。

ア　健康状態の維持・改善に関する指導

- 睡眠，食事，排泄などの基礎的な生活リズムの形成，摂食動作の習得・改善，規則正しい生活習慣の形成など。
- 自己の体調や病気の状態の知識・理解，感染予防のための清潔の保持等の健康管理，身体機能の低下を予防するような生活の自己管理の指導など。
- 義肢装着の場合の断端の清潔の保持や義肢の管理，床ずれ等の損傷部位の清潔の保持や悪化防止など。
- マッサージ・体操・自然の諸要素（空気，水，太陽光線）を利用した身体の鍛錬，血行の促進，呼吸機能の向上，体温の調節など。

イ　対人関係や意欲に関する指導

- 自他の区別，人の心情を理解した対応の方法を身に付けること，集団に参加し，役割を自覚して行動するなど対人関係の形成の基礎の指導など。
- 障害の状態の理解と受容，障害に基づく種々の困難の改善・克服への動機付けの工夫など。

ウ　感覚・知覚に関する指導

- 水・砂等各種の素材や光・音等を利用した諸感覚への刺激，色・形・大きさ等の弁別の指導，遠近・方向・位置等の空間知覚に関する指導，身体意識，身体概念，身体図式に関する指導，数・時間等の概念の形成の指導，

眼鏡・弱視レンズ・補聴器の活用など。

エ　姿勢や運動・動作の基本に関する指導

- 緊張部位の弛緩と入力，頭部の安定と制御・伏臥位・寝返り・坐位・膝立ち・立位・上肢や手の粗大動作等の基本動作の習得・改善，関節の拘縮や変形の予防，筋力の維持・強化など。

オ　日常生活の基本動作に関する指導

- 食事・排泄・衣服の着脱・洗面・入浴などの身辺処理及び書字・描画等の学習のための基本動作の習得・改善，筆記・食事・衣服の着脱・排泄等の動作のための補助用具の活用など。

カ　移動能力及び移乗動作に関する指導

- 寝返りや腹這いによる移動や歩行の習得・改善，歩行器や車椅子，松葉杖を使った移動の習得・向上など。
- ベッドから椅子，車椅子からベッドへ等の移乗動作の習得・向上など。

キ　作業の遂行に関する指導

- 握る・放す・つまむ・押す・引く・たたく・持ち替える・運ぶなどの作業の基本動作の向上，手指の巧緻性，両手の協調性の向上，作業の正確さ・速さ・持続性の向上など。

ク　コミュニケーションの基礎的能力に関する指導

- 能動的な音源探索の指導，呼吸パターンの改善，発声・発語器官の筋緊張の制御，傾聴態度やコミュニケーション意欲の育成など。

ケ　言語の受容・表出・形成に関する指導

- 音や音声の認知と弁別，文字や記号の認知と弁別，発音・発語指導，構音指導，語句の意味理解，語彙の習得，語法の理解，言語の概念形成など。

コ　コミュニケーション手段の活用に関する指導

- 話し言葉や各種の文字・記号・機器等のコミュニケーション手段の活用など。

4）指導時間と指導形態

ア　指導時間

従前，養護・訓練に充てる授業時数については，週当たり3単位時間が標準であると示されていたが，今回（平成11年）の学習指導要領の改訂において

は，児童生徒の障害の状態に応じて，適切に定めるものとすると示している。

肢体不自由養護学校においては，これまで週当たり3～4時間設定している学校が多く見られたが，学校によっては各部の違い，疾患の種類や程度等に応じて時間を設定するなど，その実態は多岐にわたっていた。

このような状況も踏まえ，より一層，児童生徒の実態に応じた自立活動の指導が行えるようにするため，指導時間にかかわる規定を改めたものである。この主旨を理解し，個々の児童生徒に必要とされる時間設定を考えていく必要がある。

イ　指導形態

自立活動の指導に当たっては，個々の児童生徒の実態に即した個別の指導計画を作成することとなっているので，指導形態も個別指導が基本となる。しかし，実際の指導に当たっては，指導内容や学校の実情等考慮し，様々な指導形態が考えられる。

第一は，一人の児童生徒に対して一人の教師が指導を行う個別指導である。この形態では，個々の児童生徒の障害の状態に応じたきめ細かな指導が行いやすいが，集団活動での指導の方が意欲的に学習に取り組める児童生徒については，集団での指導形態も考える必要がある。

第二は，少人数のグループの児童生徒を対象として個別的な学習を指導する形態である。この形態では，児童生徒同士が刺激し合いながら学習することが可能である。教師数によって，一人の教師が指導を行う場合や，複数の教師が指導を行う場合が考えられるが，複数の教師が指導を行う場合には，とくに教師相互の連携協力を密に図ることが重要である。

第三は，一定の児童生徒の集団を対象として複数の教師が指導を行う形態である。この形態では，児童生徒同士が刺激し合いながら学習することが可能であるが，指導に当たる複数の教師が連携協力を密に図っておかないと，指導目標の達成が困難になるので十分留意する必要がある。

こうした指導形態のうち，いずれの形態を選ぶかは，児童生徒の実態や課題，教師の数や専門性等を考慮して決定し，かかわる教師がその目標達成のために，教材・教具の工夫や接し方等を十分研究することが重要である。

5）指導方法と配慮

　自立活動の指導に適用できると思われる方法又は方法の裏付けとなっている理論が幾つか想定される。それらには，例えば，心理療法，感覚訓練，動作の訓練，運動療法，理学療法，作業療法，言語治療等があるが，これらの理論・方法は，いずれも自立活動の指導という観点から成り立っているわけではない。これらについては，実際の臨床においてそれなりの効果があるからといっても，それらはそれぞれの理論的な立場からの問題の把握及びその解決を追求しているものであることを忘れてはならない。したがって，その方法がどのように優れていたとしても，それをそのまま自立活動の指導に適用しようとすると，当然無理が生じることをあらかじめ知っておくことが必要である。

　これらの点を十分踏まえて，特定の指導に有効であると思われる方法を選択し，それを自立活動の指導に適合するように工夫して応用することが大切である。その際には，児童生徒自身が，指導の目標に照らした課題に自ら取り組むことができるように，指導の段階や方法を工夫する必要がある。つまり，指導の課題や段階を児童生徒の実態に即して細分化し，それに応じた方法の適用を工夫することが大切である。

（古川勝也）

(2) 指導計画の作成と展開例

1) 身体の動きを中心とした指導

ア　基本的な考え方

　肢体不自由児の自立活動の指導では，身体の動きが中心的な課題となる場合が多い。ここに示す事例は，次の二つ視点から個別の指導計画を作成し，自立活動の指導を行ったものである。

　一つは，宮﨑（1998）のシステムズアプローチの視点である。年間を通じて，子どもに関する情報の流れをどのように作り，教師の活動をどのような手順として組み立てるかというシステム設計の問題としてとらえる視点である。

　もう一つは，子どもと保護者の願いを生かすための，インフォームド・コンセントの視点である。

イ　実態把握

　事例は，高校3年の脳性まひの男子である。脳波異常はなく，服薬もしていない。中等度の知的な遅れがあるが，文章の読み書きができて，教科によって格差はあるが，おおむね小学校レベルの教科学習を理解することができる。

　身体の活動の面では，右股関節と両肘を脱臼していて，脚と軀幹部の緊張が強い。一人であぐら坐や立位を保つことができない。椅子や車椅子には乗ることができる。移動は室内では這い，学校内は車椅子，戸外は電動車椅子である。書くこと，食事をとること，衣服の着脱，トイレなどは自立している。

　進路は，地域の作業所に行くか，リハビリ施設で家から離れて一人で生活して自信をつける経験を1〜2年するか，迷っているとのことであった。

ウ　目標の設定

　生徒と相談したところ，「自分でできる訓練を覚えたい。軀幹のひねりで体を楽にしたい」と言う。保護者とは，年度当初の授業参観時に相談し，「自分で訓練をどうしていくかが大切。本人は自分からは言わない」とのことであった。これらの意向を受けて立てられた目標は，次の三点である。

① **身体の変形の予防**：肘を曲げ股関節を閉じる緊張が強く，変形がさらにひどくなり，脱臼が一層進行する心配があり，これを予防する必要があった。

② **日常生活動作の維持・向上**：緊張が強くなると，這う，椅子坐位，立位の動作も困難になる。こうした基本動作の崩れは日常生活動作を低下させかねない。こうした日常生活動作の基本となる動作を改善することが必要であった。

③ **自分で健康を保つ自己管理方法の習得**：卒業後の一人での生活を考えて，自分で体の緊張を緩めたり，自分では緩められないほど緊張の強いときには，そのことに気づいて助けを求めるなど，健康の自己管理を学ぶ必要があった。

エ　指導内容の構成

　身体の変形の予防と日常生活動作の維持に関しては，軀幹をひねる，脚の曲げ伸ばし，椅子坐位動作，腕上げ動作，立位動作を指導内容として選択した。また，日常生活動作では，よつばい動作を取り上げた。

　自分で健康を保つ自己管理方法を学ぶ点に関しては，深呼吸と軀幹ひねり動作を自分で行うこと，自分でできる訓練（軀幹ひねり動作，よつばい動作），調子が悪いときに援助を求めることを取り上げた。これは，高等部3年という

発達段階を考えた指導内容である。

オ　指導計画

実態把握表（省略）は，宮﨑（1998）のＡ４版１枚のものを一部改定して使った。

また，個別の指導計画は，**表2**（次頁）にあるように，年間指導計画と成績単票とを一つの書式にまとめて使った。年度当初に，年間指導目標，保護者の期待，本人の期待，各学期の指導目標，指導方法・内容を記載する。これは，保護者や本人に見せて説明するとともに，学習経過に伴って修正していくものである。そして，各学期の終わりに，学習状況の欄に評価を記入するとともに，授業時間数と欠席時間数を記入する。なお，通知表の書式もこれに準じている。

カ　指導上の留意点

生徒が興味をもって主体的に取り組み，成就感を味わうことができるように，各授業時間の初めに，その時間にやりたい課題を自分から言うように促すとともに，終わりに最もうまくできた課題を発言する機会を作った。

また，自分でやる訓練は，体の緊張という困難を改善・克服しようとする意欲を高めることができた。さらに，社会生活に関する120項目の質問からなる自立活動チェック表の評価を行ったり，過去３か月間の地域での活動範囲を記述する「生活地図」を記入する機会を作った。これらは，発達の進んでいる側面を明らかにして，それをさらに伸ばす方向性を示すものであった。

なお，実態把握表と年間指導計画・成績単票は，他の授業や進路指導にも生かすことができるように，担任に渡すとともに，所定の個人ファイルに綴じた。

キ　評価

形成的評価は，授業時間ごとに各指導内容についての学習の様子をカードに記録するとともに，図式化して，２～３回前の授業における学習状況と比較して行った。また，学期ごとに基本動作をビデオ撮影し，それを生徒と一緒に見る機会を設けて，良い点や悪い点を反省した。こうして，２学期末には，立位と椅子坐位動作が改善するとともに，緊張が強くなければ自分でやる訓練もできるようになってきた。これらの学期ごとの評価は，自立活動の通知表によって保護者に伝えられたが，必要に応じて，随時，授業参観や面談も行った。

（宮﨑　昭）

4　肢体不自由児に対する指導

表2　自立活動における個別の指導計画（学習の状況の評価は2学期まで）
平成＊＊年度　自立活動年間指導計画，成績単票

担当者		提出先		□	曜日	月	5 校時

学年	高等部	学年：3	教育課程・コース	C	児童生徒氏名	

年間指導目標	保護者の期待	年間計画の連絡 □
・身体の変形の予防 ・日常生活動作の維持・向上 ・自分で健康を保つ自己管理方法を学ぶ	・自分で訓練をどうしていくかが大切。本人は自分からは言わない。1学期：一人でできる訓練を意識して家でもがんばっている。自己の健康管理は大切なので少しずつ覚えてほしい。	
	本人の期待	
	・自分でできる訓練を覚えたい。躯幹のひねりで身体を楽にしたい。	

	指導目標	指導方法・内容	学習の状況	時間数等
1学期	・身体各部位を弛める ・這う，椅子坐位，立位動作の改善 ・健康の自己管理の練習	・躯幹をひねる ・脚を曲げ伸ばし ・椅子坐位動作 ・腕上げ動作 ・立位動作 ・よつばい動作 ・深呼吸と躯幹ひねり動作を自分で行う。	・躯幹をひねる動作で，緊張があっても2～3回で弛められ，保持できてきた。 ・脚と足首の曲げ伸ばしは，右脚と足がのばせるようになってきた。 ・腕は，伸ばす方向で弛んできたが，上まではあがらない。 ・よつばい動作で，膝を交互に出して移動できるようになった。 ・立位動作で，股を内側に閉じる力を押さえても立てるようになった。 ・深呼吸が浅かったが次第に深くできるようになった。	欠席時間数 0 授業時間数 10 担当印
2学期	・身体各部位を弛める ・這う，椅子坐位，立位動作の改善 ・健康と体の自己管理	・躯幹をひねる ・脚を曲げ伸ばし ・椅子坐位動作 ・腕上げ動作 ・立位動作 ・自分でできる訓練	△躯幹のひねりは，緊張が強いと自分ではできない。補助すれば弛められる。 ○脚は，足首と股の緊張が強いが，少しずつ弛められた。 ○椅子坐位は，腰をひねっているが，上体を起こしたり，足を踏みしめる動作が少しずつ上達している。 ◎腕は，腕を伸ばし手を開く動作に変更し，肘を伸ばすと手も開いてくる。 ◎立位動作は，股を開くように補助すれば10秒くらい一人で保持できた。	欠席時間数 1 授業時間数 11 担当印
3学期	・身体各部位を弛める ・這う，椅子坐位，立位動作の改善 ・健康と体の自己管理2	・躯幹をひねる ・脚を曲げ伸ばし ・椅子坐位動作 ・腕上げ動作 ・立位動作 ・自分でできる訓練を続けるとともに，調子が悪いときに，援助を求める。		欠席時間数 授業時間数 担当印
1年間の 学習状況				欠席時数 授業時数 高等部 □ 単位

2) コミュニケーションを中心とした指導

ア 基本的な考え方

コミュニケーションとは，人とのかかわりの中で，自ら伝えようとする事柄を言語や他の様々な伝達媒体を通して相手に伝えたり，相手からの発信を受けとめて，さらに返したりする相互伝達，相互理解の活動と考えられる。

しかし，肢体不自由児は，書字や発語などに関連する運動・動作の障害のため，文字や言葉を伝達媒体として意図どおりに活用できない場合も少なくない。また，知的発達の遅れを伴う場合には，文字や言葉の意味理解が不十分であることも多い。さらに，伝達媒体の活用や理解の問題だけでなく，自分の思いや考えなど，表現（伝達）したい内容を明確に心にもち，他者を伝達相手として認識し，その内容を自ら伝えようとする意図や意欲の形成に課題がみられることもある。

このように，肢体不自由児のコミュニケーションに関する指導に当たっては，多様な観点から，個々の子どもの困難やその子なりの能力などを把握することが必要である。同時に，この子どもたちがよりよい生活を送っていくうえで，真に役立つコミュニケーションの力の育成を図る指導目標や指導内容・方法等を設定していく。

子ども	表現内容	快・不快中心……………→意図をもった表現……………→十分な思考
	伝達意図	未分化………………………→不安定………………………→確立
	言語理解	音声（未……………………→可）　　文字（未……………………→可）
	伝達手段	表情／身振り………→サイン言語…………→音声言語…………→文字言語
	言語受容	音声（未……………………→可）　　文字（未……………………→可）
	受容意図	未分化………………………→不安定………………………→確立
指導	高める視点	人とのやりとりによる表現の多様化…→ 　　　　　　…前言語的コミュニケーション…→ 　　　　　　　　　…言語的なコミュニケーション→
	広げる視点	表出・表現機能／運動・動作の拡大………………………………→ 　　　　　コミュニケーション手段の選択・多様化→

イ 子どもの実態把握

実態把握は，子どもの診断名や教育の経緯等の基礎的資料や種々の調査票のほか，自立活動の内容の区分等を参考に，観察や検査，聴取等を行う。

以下に，コミュニケーションの観点から事例について整理した表を示す。

氏　名	○○　M子(女)中学部1年	コミュニケーション実態把握	
診断名	脳性まひ（緊張性アテトーゼタイプ・四肢体幹運動機能障害）		
運動・動作	姿勢保持	全身に強い緊張があり，不随意運動が頻繁に現れる。頭部コントロールが困難。S字様の側彎がある。坐位姿勢保持が困難で特製の姿勢保持椅子により坐位姿勢をとっている。	
	上肢	右は強い緊張のためほぼ常時伸びきった状態にある。左を随意的に動かそうとするが，不随意運動が強く，自由に目標点に腕を伸ばしたり物をつかんだりすることは難しい。	
	書字	筆記具を左手に固定されると伏臥位で漢字を含め書くことができるが，形が乱れ読み取りにくい文字になる。また，5文字程度書くのにも10分間位を必要とするため効果的な表現手段にまではいたっていない。	
	発声	構音器官や呼吸器官にも強い緊張があり，かすれ声や無声音でとぎれがちになりやすい。慣れていない者にとっては聞き取りにくい。	
聴覚・視覚	問題無し		
知的発達言語理解	知的発達はほぼ年齢相応である。言語や文字の理解，表現力等に遅れはない。語彙も豊富で，自分の考えや思いなどをまとめて表現する。		
生活場面でのコミュニケーション	日常の生活場面では，話し言葉で意図を表現しようとするものの聞き取りにくいため，「……なの？」などと聞き手が問い直して，「はい（いいえ）」の一問一答型の応答になりがちである。		
表現・伝達の意欲	表現したいことがらを豊富にもっているが，効果的な手段を獲得していないため，自分の考えを十分に表さないままに終わることがある。		
総合的な実態把握	本児は，明るい性格で努力家でもある。読書を好み，将来は童話作家になりたいという夢をもっている本児にとって，自己の意図を言葉や文字によって自由に表現できないことは，単にコミュニケーションの制限だけでなく，自己選択・決定など主体的な生き方にも影響している。		

ウ　目標の設定

実態及び将来像等から，長期的目標を「自分の思いや考えなどを自由に表現しながら，より多くの人々と広く深くかかわりをもち続けるM子」とした。

年間指導目標	・自分の考えや思いなどをより自由に表現する喜びを味わう。 ・より楽な発声及び左上肢の意図的な動きを体感する。 ・情報機器を用いた文章作成，音声表現等の方法を習得する。

エ　指導内容の構成

下表は，事例について，自立活動の内容の区分及び項目から必要なものを選択し，これらを相互に関連づけて表したものである。

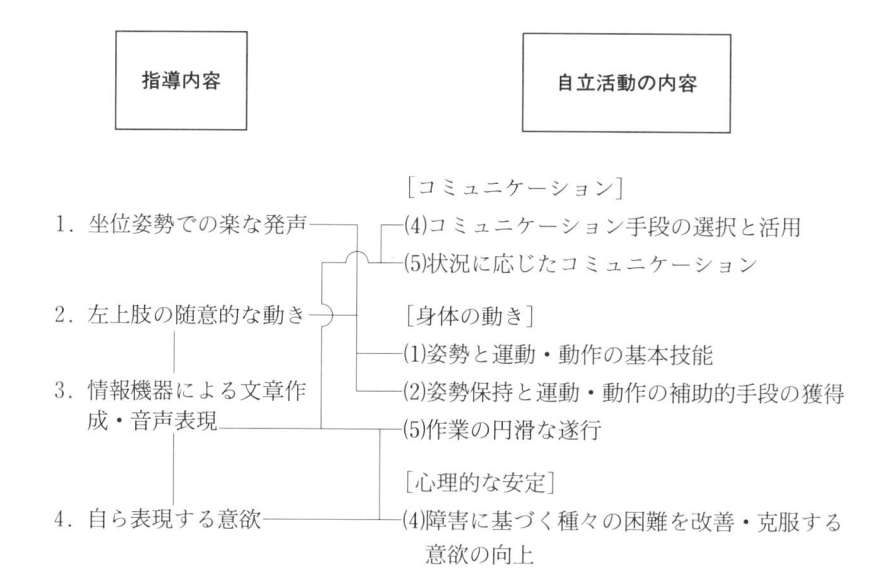

```
        指導内容                          自立活動の内容

                             ［コミュニケーション］
1. 坐位姿勢での楽な発声 ──┬─(4)コミュニケーション手段の選択と活用
                         └─(5)状況に応じたコミュニケーション

                             ［身体の動き］
2. 左上肢の随意的な動き ──┬─(1)姿勢と運動・動作の基本技能
                         ├─(2)姿勢保持と運動・動作の補助的手段の獲得
3. 情報機器による文章作  ─┘
   成・音声表現         ───(5)作業の円滑な遂行

                             ［心理的な安定］
4. 自ら表現する意欲    ────(4)障害に基づく種々の困難を改善・克服する
                             意欲の向上
```

オ 具体的指導計画例

> コミュニケーションの指導の見通しカード　1

指導内容	坐位姿勢での楽な発声及び左上肢の随意的な動き
授業名	「うごき（自立活動）」（個別指導＝2時間／週）

	1 学 期	2 学 期	3 学 期
指導目標	○肩や胸，腰，肘などのリラクセイションを味わう。	○楽に声を出すことができる（仰臥位で→坐位で）。	○肘や手首等を意図的に曲げ伸ばしができる。
学習活動	・仰臥位や坐位で，動作補助を受け肩や腰などのリラクセイションを感じる。 ・仰臥位で出しやすい声を出す。 ・姿勢保持椅子での安定した坐位姿勢を見つける。	・肩や腰などを動かしながら，力を入れた感じや弛めた感じを味わう。 ・できるだけゆっくりと長く声を出す。 ・姿勢保持椅子で肘や手首を動かす。	・坐位で，背筋を伸ばしたり丸めたりしながら力を入れたり弛めたりする。 ・仰臥位と坐位で声を出す。 ・タイミングよく，手首などを動かす。

> コミュニケーションの指導の見通しカード　2

指導事項	コンピュータ(オートスキャン方式特殊ソフト＆センサースイッチ)による文章作成 携帯用音声表現機器による場面に応じたコミュニケーション
授業名	「伝えよう（自立活動）」（抽出による個別指導＝2時間／週）

	1 学 期	2 学 期	3 学 期
指導目標	○情報機器操作の方法を理解する。	○簡単な文章の作成，音声再生ができる。	○日記作成や買物等，生活に使用する。
活動内容	・自走カーソルに合わせたスイッチ操作 ・文字入力，漢字変換等の基本操作	・例文等による文章作成 ・早打ち，正当率への挑戦	・物語や日記作り ・友人作成のCGと一緒に絵本作り。
	・自走カーソルに合わせたスイッチ操作	・様々な会話の設定と場面に応じた使用	・買物等，生活場面での使用
活動支援／教材・教具等	＊操作時の姿勢管理 ＊適切な情報機器及び入力スイッチの選択 ＊興味・関心，成就感を第一に。	＊達成感を第一に。	＊生活場面の設定は本児の意見を優先。

カ　指導上の留意点

何よりも，自分で楽にうまく表現することができた実感を味わわせることを優先する。また，毎時間の指導目標の設定は，本児の活動の目当てと一致するよう工夫する。

キ　評価の観点

評価は，毎時間の評価を累積し，学期，年間で行う。年間指導目標の「表現の喜び」については，本児にも自己評価を数値で，その理由を文章で表させる。「意図的な動き」では，自分自身の動きや力の入れ具合への気付きと，指導者の評価との一致の度合いを記号化し，「情報機器の活用」では，作成の量や時間を数値化するよう工夫し，保護者への説明や次年度への活用を図る。

（髙井敏雄）

5　病弱・身体虚弱児に対する指導

(1)　基本的な視点

1）病弱教育の現状

我が国の病弱教育の対象児童生徒の実態，すなわち病気の種類は，この教育が始まった当初から大きく変化してきている。具体的には，明治時代から結核全盛期が長く続いていたが，昭和30年代から40年代にかけて医学の進歩などに伴い，結核が激減し，その後，小児喘息の急増期，学校での集団検尿の開始とともに，腎炎・ネフローゼ等の腎臓疾患の増加期を経てきている。現在は，従前からの小児喘息，腎臓疾患のほか，重度・重複障害や進行性筋ジストロフィーに加えて，不登校経験等のある心身症，小児がんなどこれまで病弱教育の対象としていなかった病気も，長期間の医療を受ける必要があることから，病弱教育の対象となってきている。

病弱教育としては，こういった児童生徒に対して，幼稚園，小学校，中学校

及び高等学校に準ずる教育に加え，病気の自己管理能力の育成や，自主性・社会性の涵養，心理的安定を目的とした教育内容を実施してきた。近年とくに，対象児童生徒の実態の変化に応じ，自立活動の内容についても大きく変化が求められてきている。

こうした病弱教育は，病弱養護学校（本校，分校，分教室）のほか，病弱・身体虚弱特殊学級で実施されている。近年とくに，病院内に設置される病弱・身体虚弱特殊学級（いわゆる院内学級）が急増している。

2) 自立活動の指導上の課題

病弱教育における自立活動の指導については，対象児童生徒の病気の種類や回復の程度に伴い，その内容についても違いが求められている。具体的には，運動制限，塩分やカロリー，食物等の制限のある病気，同じ病気でも入院当初の急性期の対応や病状が落ち着いてきた時期の対応の違いなど様々である。こうした状況に対応した自立活動の指導を行うためには，隣接する医療機関との十分な連携のもとに展開する必要がある。このため，担当教師が病院からの詳細な情報を得るなどして取り組んでいる。

具体的な課題としては次のような点が挙げられる。

ア　自立活動担当教員の専門性の向上

病弱教育における自立活動においては，病気についての知識を基礎とした教育上の配慮事項についての専門性の高い知識や技能が求められており，そのため担当者の専門性の向上を図る取り組みが必要である。

イ　全校職員の共通理解を図る研修

自立活動の指導は，学校の教育活動全体を通して行う指導であることから，全校の教職員が共通理解を図ることのできる機会やそのための適切な研修の場を計画的にもつことが重要である。

ウ　医療機関等との連携

自立活動の指導計画は実態把握に始まる。したがって，隣接する医療機関との連携や，通学生の場合はもとより，日常的に家庭等との連携についても十分に図られなければならない。

3）個別の指導計画作成上の手順と配慮

　従前の養護・訓練については，これまでも個別に指導計画を作成して指導するなど，個に応じた指導が実践されてきており，その成果も上がってきている。自立活動は，個々の幼児児童生徒が自立を目指し，障害に基づく種々の困難を主体的に改善・克服しようとする取り組みを促す教育活動であり，そのために，個々の幼児児童生徒の障害の状態や発達段階等に即して指導内容・方法を工夫して指導を行うことが基本である。

　今回（平成 11 年）の学習指導要領の改訂においては，こうした指導において従前から作成されている「個別の指導計画」について明示された。

　病弱教育における自立活動も，個別の指導計画に基づいて展開されることはいうまでもない。この個別の指導計画の作成と手順については，「盲学校，聾学校及び養護学校学習指導要領（平成 11 年 3 月）解説〜自立活動編〜」の 41・43 頁に一例として次のように示されている。

---

① 個々の児童生徒の実態（障害の状態，発達や経験の程度，生育歴等）を的確に把握する。
② 個々の実態に即した指導の目標を明確に設定する。
③ 小学部・中学部学習指導要領第 5 章第 2（高等部においては，第 5 章第 2 款）の内容の中から，個々の指導の目標を達成させるために必要な項目を選定する。
④ 選定した項目を相互に関連付けて具体的な指導内容を設定する。

　病弱児の状態は，一人一人異なっているため，実態把握の内容やその範囲は指導の目標に応じて明確に整理して的確に行われなければならないものである。実態把握の主な内容としては，病気の種類と程度，予後，病気理解の程度，保護者の病気についての理解程度や考え方，日常生活上の配慮事項，学習上の配慮事項や学力，基本的な生活習慣，特別な施設・設備や教育機器の必要性，興味・関心，人やものとのかかわり，心理的な安定の状態，コミュニケーションの状態，対人関係や社会性の発達，身体機能，視機能，聴機能，知的発達の程度，身体発育の状態，生育歴，障害の自覚に関すること，進路，家庭や地域の

環境など様々なことが考えられる。

実態を把握する方法としては，観察法，面接法，検査法などの直接的な把握の方法が考えられるが，それぞれの方法の特徴を十分に踏まえながら目的に即した方法を用いることが大切である。また，隣接する医療機関や前籍校や保護者等第三者からの情報による実態把握も貴重である。また，教育学的な立場や医学的立場，心理学的立場などからの実態把握も貴重である。

なお，このようにして得られた情報は，実際の指導に生かされることが大切であり，個別の指導計画を作成するために必要な範囲に限定するとともに，その情報の適切な管理についても個人情報の保護に十分留意する必要がある。

こうした実態把握に基づいて，「指導の目標を明確に設定」し，「自立活動の第2の22項目の内容から指導の項目を選定」するとともに，「それらを相互に関連付けて具体的に指導内容を設定」するのである。

しかしながら，幼児児童生徒の実態把握が十分に行われないと，個別の指導計画が作成できないというわけではない。その時点で収集した実態把握に基づいて個別の指導計画を作成し，それに基づく指導を通して，さらに実態把握を深化させ，個別の指導計画を修正していくという柔軟な対応も大切である。

また，実際の指導に際しては，その日の病状の変化等について詳細な実態把握が必要であることはいうまでもない。

4）主要な指導内容

従前から，実際に各学校が取り組んでいる主要な指導内容を整理すると次のようになる。

> 病気理解，病気の回復を図るための配慮事項の理解，病気の回復・改善への意欲の向上，心理的な安定，感覚訓練，運動機能訓練，視・知覚訓練，体力づくり，カウンセリング，呼吸訓練，散歩，音楽鑑賞，表現活動，手芸・調理，ゲーム，スポーツ，趣味の指導など

これらの指導は，対象児の病気の種類や程度，発達段階等に応じて展開されている。具体的には，腎炎・ネフローゼ等塩分や運動制限を必要とする病気の場合には病気理解や回復を図るための配慮事項の理解を中心としたり，小児喘

息の場合等では体力づくり，呼吸訓練等を中心としたり，心身症の場合にはカウンセリングやゲーム等を中心としたり，入院期間が長期にわたる場合などには心理的な安定，音楽鑑賞，表現活動，手芸・調理，ゲーム，趣味の指導を展開したりするなど個別の指導計画に基づいて長期的・短期的な目標が達成できるような内容で展開することが必要である。

5）指導時間と指導形態

　従前，養護・訓練に充てる授業時数は，年間105単位時間（高等部においては各学年において週当たり3単位時間）を標準として示されていた。しかしながら，児童生徒の障害が重度・重複化，多様化してきていることから，個々の児童生徒の実態に応じて，授業時数を標準より多く設定する必要がある場合もあるなど，弾力的な運用が求められてきた。実際に，病弱養護学校校長会の調査によると，各病弱養護学校においては，病状等に応じて週当たり3～4単位時間を充てている学校が最も多いが，週当たり1時間～状況によっては6時間ほど充てるなど，実態に合わせて展開していることも分かった。したがって，自立活動の指導に充てる授業時数を一律に，年間105単位時間を標準として示さず，各学校がより実態に応じた適切な指導を行うことができるようにしたものである。標準授業時数を示さないからといって，自立活動の時間を確保しなくてもよいということではなく，個々の児童生徒の実態に応じて，適切な授業時数を確保する必要があるという点に留意しなければならない。

　また，自立活動の時間に充てる授業時数は，各学年の総授業時数の範囲に含まれることとなっているが，児童生徒の実態に即して適切に設けた自立活動の時間に充てる授業時数を，学校教育法施行規則別表第1又は別表第2に加えると，総授業時数は，小学校又は中学校の総授業時数を上回ることもある。こうした場合には，児童生徒の実態及びその負担過重について十分考慮し，適切な授業時数を確保することが大切である。

6）指導方法と配慮

　病弱教育における自立活動の指導方法については，各教科，道徳，特別活動及び総合的な学習の時間と自立活動の指導内容との関連を図り，両者が相補い合って，効果的な指導が行われるようにすることが大切である。

その際，各教科等にはそれぞれ独自の目標（ねらい）があるので，各教科等における自立活動の指導に当たっては，それらの目標（ねらい）の達成を著しく損なったり，目標（ねらい）から逸脱したりすることがないよう留意しながら，自立活動の具体的な指導内容との関連を図るよう工夫するなど，組織的，計画的に指導が行われるようにする必要がある。

とくに，病弱児の病気の種類が多様化してきていることとも関連して，指導に適用できると思われる方法や方法の裏付けとなっている理論が幾つか想定される。それらには，例えば，心理療法，運動療法，言語治療等があるが，これらの理論・方法は，いずれも自立活動の指導という観点から成り立っているわけではない。これらについては，実際の臨床においてそれなりの効果があるからといっても，それらは，それぞれの理論的な立場からの問題の把握及びその解決を追求しているものであることを忘れてはならない。したがって，その方法がどのように優れていたとしても，それをそのまま自立活動の指導に適用しようとすると，当然無理が生じることを予め知っておくことが必要である。

これらの点を十分に踏まえて，特定の指導に有効であると思われる方法を選択し，それを自立活動の指導に適合するように工夫して応用することが大切である。その際には，児童生徒自身が，指導の目標に照らした課題に自ら取り組むことができるように，指導の段階や方法を工夫する必要がある。　　（横田雅史）

(2) 指導計画の作成と展開例

1) 病気の多様化への対応と個別の指導計画

個別の指導計画を作成するに当たっては，個々の児童生徒の病気の種類や病状，障害の状態，発達段階，病気に対する自己管理及び経験等の実態に応じて，指導目標，指導内容及び指導方法などを個別に設定することが必要である。

ア　病気の多様化への対応

自立活動の内容は，「健康の保持」，「心理的な安定」，「環境の把握」，「身体の動き」，「コミュニケーション」の五つの区分のもとに 22 の項目で構成されている。五つの区分ごとに示された内容の中から，一人一人の児童が必要とする項目を選定し，それらを相互に関連づけて具体的に指導内容を設定する。

病気の多様化に対応していくためには，まずは自立活動の内容から主な慢性疾患のそれぞれに必要な項目を選定し，一般化し，それを基に各病気の種類別に指導内容を明確にしていく。慢性疾患をもつ児童にとって，一般的に必要となる主な具体的指導内容を次に示してみる。

① 自己の病気の状態の理解：人体の構造の機能の知識・理解，病状や治療法等に関する知識・理解，感染防止や健康管理に関する知識・理解
② 健康状態の維持・改善等に必要な生活様式の理解：安静・静養，栄養・食事制限，運動量の制限等に関する知識・理解
③ 健康状態の維持・改善等に必要な生活習慣の確立：食事，安静，運動，清潔，服薬等の生活習慣の形成及び定着化
④ 諸活動による健康状態の維持・改善：各種の身体活動による健康状態の維持・改善等
⑤ 病気の状態や入院等の環境に基づく心理的不適応の改善：カウンセリング的活動や各種の心理療法的活動等による不安の軽減，安心して参加できる集団構成や活動等の工夫による場所や場面の変化による不安の軽減
⑥ 諸活動による情報の安定：各種の体育的活動，音楽的活動，造形的活動，創作的活動等による情緒不安定の改善
⑦ 病気の状態を克服する意欲の向上：各種の身体活動等による意欲・積極性・忍耐力及び集中力等の向上，各種造形的活動や持続的作業等による成就感の体得と自信の獲得（自己効力感の発揮）

これらの具体的な指導内容をさらに病気の種類別に作成していく。例えば，気管支喘息の児童の場合，**表3**（次頁）に示したとおりである。

このように病弱養護学校等における病気の多様化に対応することは，まずは病気の種類別に指導内容を明確にすることである。

実態把握は，教育的立場や心理学的な立場から行うことはもちろん，病気による運動制限や食事制限等様々な生活規制に対して，医学的な立場から情報の提供を受けたり，助言を得たりすることも重要になってくる。

また，目標を設定するに当たっては，個々の児童生徒の実態把握に基づいて，入院期間や療養期間等を考慮しながら，長期的な観点に立った目標とともに，当面の短期的な観点から目標を定めることが必要である。児童が主体的に自立活動に取り組み，自己管理する力を付けるためには，可能なかぎり，目標設定

の段階から個別の指導計画作成に参加することが重要である。

表3 自立活動の個別の指導計画作成のための指導内容把握表　気管支喘息用（新潟県立柏崎養護学校，一部修正）

主な指導内容	具体的な指導内容の例示	個人別指導内容の設定
A　自己の病気の状態の理解 ・アレルギー反応の仕組み ・気管支の構造と機能の知識・理解 ・病状や治療法等に関する知識・理解 ・感染防止や健康管理に関する知識・理解	＊アレルギーの仕組み（免疫，抗原抗体反応等） ＊呼吸の仕組み，気管支の構造と機能 ＊発作の起こり方（ほこり，花粉，蛋白質等の発作原因） ＊発作の程度　＊治療方法，発作等の処置（排痰，腹式呼吸，発作等の姿勢） ＊かぜの予防，MRSA等による院内感染予防等	＊一人一人の子どもの必要とする項目を選定し，それらを相互に関連付けて具体的に指導内容を設定する。 　ここにあげた指導内容の例示をすべて指導するのではない。発達段階やその子のニーズに合わせて設定する。
B　健康状態の維持・改善等に必要な生活様式の理解 ・各種の生活様式の理解	＊各種生活規制の意味についての理解 ・ピークフローによる体調把握の方法 ・運動前のウォーミングアップや適切な運動量の把握（運動誘発性発作防止のため） ・発作の原因の理解―環境調整（アレルゲンの除去，清掃，清潔），季節の変わり目，ストレス，食事等	
C　健康状態の維持・改善等に必要な生活習慣の確立 ・各種の生活習慣の形成及び定着化	＊ピークフローによる体調把握と喘息日記 ＊安静，吸入，服薬，食事，清潔，生活リズムの調整等	
D　諸活動による健康状態の維持 ・各種身体活動等による健康状態の維持・改善等，生活リズム調整等	＊医師の指示による病状改善に必要な運動量の把握 ＊乾布摩擦，冷水摩擦，大気，水に触れるなどによる皮膚の鍛練 ＊喘息体操，喘息音楽等による腹式呼吸法，ストレッチング，ヨーガ等 ＊呼吸筋力，全身持久力を高めるための運動（エアロビクス，水泳，ジョギングなど）	

以下，省　略

イ 個別の指導計画の例

同じ病気であっても，病気の状態や発達段階及び経験の程度等が個々に違うため，一人一人の児童の実態に即して，指導目標，指導内容，指導方法などを定め，個別の指導計画を作成することで，さらに指導の個別化を図っていくことが求められる。気管支喘息の児童の個別の指導計画を**表4**に例示する。

表4　個別の指導計画の例　（新潟県立柏崎養護学校，一部修正）

氏名・学部・学年	M 小学部2年 ○年○日生		病名	気管支喘息	入院月日○年○月○日
日常生活や学習上の困難な状態	専門医等からの助言				
・発作時に対処する腹式呼吸等の仕方が難しく，呼吸困難な状況から脱しにくい。 ・入院や病状の悪化等のストレスから，時々，対人関係でトラブルを起こし，情緒が不安定になる。	・生後7か月から気管支喘息と診断され，以来発作を繰り返し，病状は重症である。運動時に発作があれば，安静するようにし，喘息発作のない時は鍛練をすすめる。				
	目標	長期目標	腹式呼吸ができるようになり発作時の呼吸困難を軽減する。 運動や皮膚刺激などで体を鍛え，発作の誘発を減少する。 共感的に話を聞くことにより，ストレスを軽減し，情緒の安定を図る。		
		短期目標	腹部に手を当て，息を吸い込むと腹がふくれ，吐くとへこむことを理解する。 持久走やサーキット等で自分に合った運動量が分かる。		

具体的指導内容	時間における指導		他領域との関連	指導記録と評価
	題材(学習活動)	配慮事項		
・病気や生活様式理解 ・生活習慣の形成	発作の起こり方，発作時の処置等適切な運動方法や運動量などピークフローによる体調把握	なぜ，喘息体操をしたり，腹式呼吸を行ったり，ピークフローによる体調把握が必要なのかを発達段階を考慮し説明する。	音楽：歌ったり，楽器を吹くとき腹式呼吸法を意識して行う。	発作時に呼吸が楽にできるように腹式呼吸の練習をしてきた。1学期の終わり頃には発作時に腹式呼吸ができるようになってきた。 ピークフローで体調を把握し，………

～～～以下，省略～～～

ウ　指導上の留意点

　自立活動の指導を効果的に進めるには，指導上配慮すべき点をあらかじめ検討する必要がある。病弱・身体虚弱児の場合，次のことについては，いずれの児童に対しても留意しなければならない。

(ア)　体調把握と医療機関等との連携

　病弱・身体虚弱児は，日々，病状が変化するなど体調に変動がある。病状が悪化すると心理的にも不安定になりやすい。教師は，日々の体調を把握したうえで指導を行うことが重要であり，そのために主治医や看護婦等の医療関係者との連携を密にしていくことが求められる。また，退院して家庭や前籍校に戻っても再発し，再入院するケースも珍しくない。病状にあった生活習慣を形成していくためには家庭や前籍校との連携を図ることも重要である。

(イ)　主体的で意欲的に活動できる環境

　児童が主体的で意欲的に活動できる環境を整備し，成就感を味わうことができるように配慮することが必要である。そのためには，児童が，目標を自覚し，意欲的に取り組んだことが成功に結び付いたということを実感できる指導内容の準備が必要である。また，自己管理しながら活躍している同じ病気の先輩の話を聞くなど，児童が「あの人にできるのだから自分にもできるのではないか」という期待をもつことも，主体的で意欲的に活動することを支援する。

(ウ)　指導形態

　基本的には，児童生徒一人一人の実態に即して個別の指導計画を作成することになっているので，指導形態としては，一対一の個別の指導が基本となる。しかし，学習効果や指導の効率を高めるため，病気の種類別のグループ編成による指導，学級単位の指導，ぬき出しなど様々な形態が挙げられる。とくに，病状の悪化などから情緒的に不安定になっている児童や，集団の中に入っていくことができない児童に対しては，一対一の指導体制を組む必要がある。いずれの指導形態を選択するかは，児童の実態，指導内容，教員の数等から検討し，可能なかぎり，主体的に取り組める指導形態を工夫する必要がある。

エ　評価の観点

　評価は，診断的評価（事前の評価），形成的評価（指導中の評価），総括的評価（事後の評価）に分けられる。指導の過程で行われる形成的評価は，指導後の評価や指導過程の児童の反応を手がかりとして，診断的評価をもとに作成さ

れた実態把握や指導計画を修正したり，深化したりし，より確かなものにするものである。形成的評価をする際に，留意する点としては，児童の意欲を高める評価でなければならないことである。児童が成功感，成就感を自覚でき，それらを累積していけるような評価であることである。そのためには，児童が自分自身に対して行う自己評価や，他の児童に対して行う相互評価を取り入れることも効果的である。評価する主体が児童自身にあるからである。

総括的評価は，毎時間の指導でなされた形成的評価を累積的，総合的に再検討するとともに，診断的評価のときに用いたチェックリストや種々の検査などを終了時に適用して，両者の結果の相違を比較検討し，児童が病気の理解，生活様式の理解や習慣化，自己管理しようとする意欲などについてどの程度変容したかを検討するものである。なお，指導効果が上がらなかった場合には，指導計画や指導方法の見直しが必要となる。

(武田鉄郎)

2) 慢性疾患児の自己管理を支援する実践的な活動

ア　基本的な考え方

腎臓病や心臓病等の一般慢性疾患の児童は，日常的に食事や運動，感染予防等の生活管理を必要とする。また退院後も生涯にわたって病気による制限のある中で生活しなければならない場合が多い。そのため，自己の病気をしっかり理解し，病状に即した生活行動ができるよう，自己管理能力を身に付けなければならない。したがって，慢性疾患の児童の自立活動においては，病気の理解を促し，自己管理できるよう支援していく具体的・実践的な取り組みが必要である。ここでは，一般慢性疾患の中で腎臓疾患を取り上げ，児童が主体的に病気の状態の改善・克服に取り組む自立活動について，実践例を示しながら述べる。

イ　児童の実態把握

慢性疾患の児童は，様々な病種の違いのほか，入院してまもない者，長期入院や入退院を繰り返す者，退院を間近に控えた者など，その経過，課題は多様である。したがって，児童一人一人についての，医療面をはじめとした横断的，縦断的な面からの的確な実態把握が必要である。

実態把握の観点としては，身体面，生活面，心理面，生育歴，指導歴等があ

げられる。これらは直接児童から得られる資料のほか，病院や前籍校，家庭からの情報をもとにして行うものである。

腎臓疾患の児童の身体面，生活面における実態把握の例を示すと，①腎臓疾患についてどの程度理解しているか（病名，腎臓疾患の概要，腎臓の構造と機能），②腎臓疾患の改善等に必要な生活様式をどの程度理解しているか（安静・食事の意義と方法，運動と運動制限の必要性，服薬の意義と副作用），③腎臓疾患の改善に必要な生活習慣がどの程度確立しているか（安静・食餌療法・服薬の実践，病状に応じた運動の実践）等について調べる。

①と②は知識・理解面の，③は技能面の実態把握であり，加えて関心・意欲等の実態把握も行う。これらの点について，テストや面談，行動観察等を行い，指導が必要な事項を整理するとともに，指導の段階に沿った評価基準表を作成して，段階的に指導ができるようにすることが大切である。

ウ　目標の設定

一人一人の的確な実態把握に基づいて，指導が必要な事項を取り上げ，目標を設定する。一般慢性疾患の児童の全般的な目標は，「病弱の状態の理解」，「病気の改善に必要な生活様式の理解と生活習慣の確立」，「健康状態の維持・改善」，「情緒の安定」，「病気に基づく困難を改善・克服する意欲の向上」等である。

慢性腎炎で入院する中1のN君の場合を例にとって考えると，実態把握の中で，①入院が長期にわたるため，病気を主体的に改善していこうという意欲が不足しており，安静や睡眠等の生活リズムが確立していないこと，②食餌療法に関する知識はあるが，食事を残したり，外泊時に塩分の多いお菓子を食べてしまったりするなど実践面で弱い部分があること，等が分かった。そこでN君の目標は，「病気を主体的に改善していこうという意欲をもち，安静や睡眠，食事など生活のリズムや生活習慣を確立する」とした。

エ　指導内容の構成

慢性疾患の自立活動において，個々の指導の目標を達成するために必要な内容を，学習指導要領第2の内容の中から選定すると，「1　健康の保持」の中の(1)生活のリズムや生活習慣の形成に関すること，(2)病気の状態の理解と生活管理に関すること，(4)健康状態の維持・改善に関すること，「2　心理的な安定」の中の(1)情緒の安定に関すること，(3)状況の変化への適切な対応に関する

こと，(4)障害に基づく種々の困難を改善・克服する意欲の向上に関すること，が基本となる。1の(4)は，今回（平成11年）の学習指導要領の改訂で新たに加わったものであるが，これは慢性疾患でいえば，身体活動等病状に即した適切な運動により，血液循環を促したり，筋力低下を防止したりする活動等にあたると考えられる。

これらを相互に関連させながら指導内容を考えると，N君の場合は1の(1)，1の(2)，2の(4)を中心に，具体的な指導内容を構成する必要がある。具体的な指導内容を考えるに当たっては，N君の興味・関心や適性等に配慮するとともに，実際的な体験を生かした活動を重視する必要がある。例えば，安静の意味を知識として知るだけでなく，実際に軽運動を行い，運動後の心拍数や血圧，疲労度等を調べることによって，体験的に安静の大切さを知ったり，塩分が腎臓に与える影響を知識として知るだけでなく，実際に調理実習を重ねることで自分に適した栄養量や味付けを知ったりすることなどである。

これらの指導内容を系統的，発展的に取り上げていくことになる。

オ　具体的指導計画例〜退院後の生活を見据えた体験的な学習〜

慢性疾患では，退院後も病気を抱えて生活していかなければならず，食事，運動制限や服薬など，自己管理しながら自立的に生活していく態度が必要になる。したがって，自立活動では，退院後を見据えた実践的な態度を養うことが必要である。ここでは，腎臓疾患の児童の食事に関する指導を例にあげて述べる。

N君の個別の指導計画を例にして考えると，短期目標は「食餌療法の大切さを知り，自分に適した食事の内容や摂り方を知る」と設定した。具体的な指導内容を考えるに当たっては，N君の「食事制限があっても，おいしく食べられる方法を知りたい」という希望を入れて，自分の体に合った食事の資料集を作成することにした。そのなかで，調理方法を工夫することで，食生活を改善することや，自己管理していく態度や習慣を身に付けられるようにしたいと考えた。

指導計画は次のとおりである。(題材名「私のクッキングメモ」授業時数11時間)

①　自分の適正な栄養摂取量を調べ，バランスを考慮して献立を考える。
②　自分に合った栄養量になるよう調理方法を工夫し，項目ごとにまとめる。

（項目：栄養摂取量，好きな献立と栄養量〈朝昼夜〉，工夫した献立と栄養量）
③　まとめた内容をもとにしてコンピュータに入力する。（実践例 図8）
④　自分の考えた献立を外泊時に家族と一緒に実際に作って食べてみる。

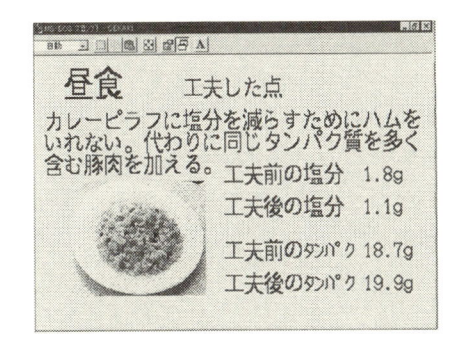

図8　私のクッキングメモ

⑤　友達と資料集を発表し合い，献立や調理方法の工夫等を学ぶ。

カ　指導上の留意点

指導を進めるに当たっては，医師等との連携を十分図る必要がある。上記の展開例においては，N君の栄養摂取量等について詳細な資料を提供してもらった。また各教科，とくにこの場合は家庭科との関連を図り，バランスのとれた食生活のあり方や栄養計算の仕方等について，相互の学習を生かした。さらに，生活管理という点から，家庭との連携を重視し，自立活動の具体的な指導内容を理解してもらうとともに，ここでは外泊時に家族と一緒に調理する活動を入れた。

児童が積極的・主体的に学習を進め，指導の効果を高めるためには，指導内容や指導方法等の工夫が大切である。展開例では，自分の食事の資料集をつくるという課題をもって，食品成分表を使って栄養量を計算したり，料理や治療食の本を使って調理方法を調べたりした。また，実際に調理して食べてみることや，調理方法の工夫について友達と発表し合い評価することで，学習に現実味が増し，深めることができた。さらに学習を進めるうえで，N君の得意なコンピュータを活用することで，意欲が高まり，わかりやすく理解することができた。

キ　評価の観点

指導に当たっては形成的評価を重視し，毎時の指導と評価を積み重ねるとともに，自己評価，相互評価等によって成果と課題が意識できるようにした。

評価の観点としては，実態把握で示した知識・理解面の評価と，技能面の評価，関心・意欲面での評価を合わせて行う必要がある。展開例では，知識・理

解面の評価の一つとして，N 君の栄養摂取量の確認テストを行ったところ，学習前の正答率が 67％だったのが 100％になった。また，技能面では，自立活動の時間だけでなく，学校，病院，家庭における日常生活の場面での評価が必要であるが，N 君の場合，以前と比べて病棟の食事を残さず食べるようになったことや，お菓子を買うとき，塩分量の表示を必ず見るようになったことが観察されている。関心・意欲の面では，授業後の感想で「あきらめていたものが工夫次第で食べられることを知った」など，学習を通して，食生活を積極的に改善していこうという姿勢をもてたことがうかがえた。

　N 君の事例で見られるように，慢性疾患の児童の自立活動では，一人一人の的確な実態把握と目標設定が重要であるとともに，学習の過程が大切であり，様々な体験を通して，児童自身が課題の大切さに気付くことが重要であるといえる。そのためには，児童の感性をゆさぶり，自ら変わろうとする，心の内面に迫るような指導内容や方法を工夫していくことが必要である。　　（角田哲哉）

6　言語障害児に対する指導

(1)　基本的な視点

1) 言語障害のとらえ方

　言語障害については，次のように考えることができる。
　われわれは，話をするとき，自分や相手の話し方をあまり意識せず，相手が何を言いたいのか，自分は相手に何を伝えたいのかを考えている。ところが，会話の場面で，相手が普通と違った話し方をしたりすると，聞き手は驚いてしまい，相手の言いたいことよりも，話し方そのものの方に注意がひかれてしまいがちになり，話し手の伝えたい内容が聞き手に通じにくくなる。その結果，話し手自身も自分の話し方にこだわったり，引け目を感じたり，思いを表現することが困難になったりして，聞き手との人間関係に支障をきたす場合もある。

このような状態を言語障害と規定している。言語障害の要因には，このような話し方の側面に限らず，内面的な要素も含まれるだけに，その基準や程度を一律に定めることは困難である。

このような困難さを踏まえながらも，言語障害を定義すれば，①「目立ちやすい」話し方の特徴があり，②聞き手にその内容が伝わりにくく，③社会生活，とくに，人間関係に支障をきたす，つまり，コミュニケーションに障害がある状態ということになる。

われわれは，コミュニケーションを行う場合，①それまでの人間関係や様々な経験などを基にして，②相手の言うことを聞き取り，③それを理解し，④その理解に基づき，自分の言いたいことをまとめ，⑤相手に分かりやすい文の構造を考えて，⑥一般に，話し言葉を用いて表現するということになる。

言語障害は，これらのいずれかの部分に問題が生じた場合に現れるものであるといえる。

言語障害については，次の三つに大別される。

ア　構音障害

ある地域のある年齢の子どもたちができる発音が，正しくできないため，聞き手にとって，話の内容が理解しにくい状態である。

例えば「せんせい」（先生）を「テンテイ」と言うように，他の音で置き換えたり，「さかな」を「サーナ」と言うように，「カ」音を省略したり，「チーズ」が「キーズ」のように聞こえるひずみ音となったりすることである。こうした音が一つだけの場合もあれば，いくつかの場合もある。

口蓋裂や難聴が原因となって生じる構音障害については，対象となる児童生徒の教育に当たって，医師との連携が大切である。最近は，対人関係がうまくとれないことと併せて，構音障害のある児童生徒が多く見受けられる。

イ　音声障害

話し言葉の基礎は音声である。その障害としては，声が大き過ぎたり，小さ過ぎたり，高過ぎたり，低過ぎたりすることである。また，しわがれ声や息もれ声になったりすることもある。

ウ　吃音

われわれは，話すとき，「間」を取りながらも，連続的に話している。その「間」の取り方や連続性に問題のある話し方が吃音（どもり）である。話し方

の特徴としては，「ボ，ボ，ボ，ボク」のような「繰り返し」，「ボーーーク」のような「引き延ばし」，「ブッブッブッボッボク」のような「詰まり」などがある。一般には，この種の特徴に関心が向きがちであるが，本当は，話し方の特徴の多少にかかわらず，話をしなくなることに注意する必要がある。

早口症も似たような特徴をもっているが，自分の話し方の受けとめに対する意識に差がみられる。

以上の三つのほかにも，言語障害には，その児童生徒の全体的な発達に比べて，言語の基礎的事項に発達の遅れが見受けられる場合がある。

2) 言語障害教育の現状

小学校や中学校に在籍する言語障害の児童生徒については，平成5年に制度化された「通級による指導」において，それぞれの教育的な必要性に応じた指導が行われるようになっている。

通級による指導は，小・中学校の通常の学級に在籍する児童生徒のうち，軽度の障害のある者が，主として各教科等の指導は通常の学級で受けながら，それぞれの障害の状態の改善・克服に必要な特別の指導を，ある一定の時間，通級指導教室で受ける教育形態である。通級による指導には，児童生徒が在籍している学校の通級指導教室に通う場合（自校通級）と，他の学校の通級指導教室に通う場合（他校通級）とがある。

通級による指導を受けている言語障害の児童生徒数の推移は，次のとおりである。

年度 \ 種別	言語障害の児童生徒数 小学校		中学校		全障害の児童生徒数（計） 小学校		中学校	
平成5	9,624人	80.4%	30人	10%	11,963人	100%	296人	100%
平成6	11,160	81.8	23	5.2	13,628	100	441	100
平成7	13,467	83.0	19	3.8	16,207	100	493	100
平成8	16,562	85.3	46	7.9	19,424	100	582	100
平成9	19,143	86.0	74	11.3	22,272	100	656	100
平成10	20,372	86.2	89	12.5	23,629	100	713	100

通級による指導は，言語障害のある児童生徒，とくに小学校段階の児童にとって，その障害の状態の改善・克服を図るための有効な教育形態であることが推察できる。

3) 指導計画作成上の配慮

構音障害や音声障害，吃音などのある児童生徒については，一般に小・中学校の通常の学級に在籍し，そこで教科指導を受けるとともに，一方では，小・中学校に設置される言語障害通級指導教室で特別の指導を受ける場合が多い。

通級による指導において，特別の指導を行う場合には，個々の児童生徒の障害の状態の改善・克服を図ることに留意するため，盲・聾・養護学校の小学部・中学部学習指導要領に示されている自立活動の内容等が参考となる。

指導計画の作成に当たっては，例えば「2　心理的な安定」や「5　コミュニケーション」の中に示された項目から必要なものを選定し，関連づけながら，個々の児童生徒の実態に即して，具体的な指導内容を設定することになる。

また，「長期的及び短期的な観点から指導目標を設定すること」，「児童生徒の発達の進んでいる側面をさらに伸ばすことにより，遅れている側面を補うようにすること」などに留意して，個別に指導計画を作成し，こまめに評価しながら指導を進めていくことが大切である。

言語障害通級指導教室等において，対象となる児童生徒に必要な指導を進めていく際には，とくに，次のようなステップを踏んで指導計画の作成を行うことが必要である。

まず，第1段階では，自由遊びなどを通して，教師との好ましい人間関係を作り上げ，児童生徒の気持ちをほぐしていくようにする。第2段階では，特定の音の正しい出し方や楽に話す方法，より的確であったり豊かになったりするような表現の指導などを行うようにする。さらに，第3段階では，学習したことを日常生活の中で使えるようにしていく方策を検討する。

また，言語障害通級指導教室における特別の指導は，それぞれの児童生徒の学校における学習時間のほんの一部であること，言語障害の状態の改善・克服に関しては，家庭でのかかわりが重要であることなど，通常の学級の担任や保護者との連絡を密にすることが極めて重要である。具体的には，対象となる児童生徒を担当する教師同士が会合をもち，通常の学級での児童生徒の様子や言

語障害通級指導教室における指導の状況を話し合ったり，必要に応じて，保護者との懇談会を定期的に開催したりすることにより，共通の理解を深めるように努めることが大切である。

4) 主要な指導内容

言語障害の児童生徒に対する指導の具体的な内容については，個々の児童生徒の実態が多様であることから，それぞれの児童生徒の興味・関心，言語障害に対する受けとめ方等に即して，個別に工夫することが大切である。

ア　構音障害

構音障害については，例えば口蓋裂のように構音器官に何らかの器質的な障害が認められる場合と，器質的な障害は認められないが，何らかの原因で構音器官の機能に障害がある場合とに分けて考えることができる。

実際の指導に当たっては，まず，障害の状態を的確に把握するための諸検査を行い，その結果に基づいて，構音にかかわる基本的な練習，正しい発音による聞き分けの練習や構音練習などを行うようにする。

イ　音声障害

音声障害についても，発声器官等に器質的な障害がある場合とない場合が考えられるが，とくに，発声器官等の器質的な障害の有無については，医学的診断や治療が不可欠であり，専門的な医師による治療が行われるのが一般的である。そこで，そうした医療機関等との連携を踏まえながら，小学校等での適切な対応を行うように留意することが大切である。

ウ　吃　音

実際の指導に当たっては，心理面，言語面，身体面などに配慮しながら，児童生徒の興味・関心に基づいて，遊びを中心とした指導，劇による指導，日常の生活場面を活用した言語指導，カウンセリング，日記による指導，斉読法を中心とした指導，音読による指導，自立訓練法，注意転換法などが行われる。

また，母親を中心とした保護者や周囲の人々に対する間接的な指導も重視される。

5) 指導時間と指導形態

通級による指導における指導時間に関しては，障害の状態の改善・克服を目

的とした指導は，週当たり1から3単位時間までを標準とし，その指導に加え，障害の状態に応じて，各教科の内容を補充するための特別の指導を行う場合は，おおむね合計週8単位時間以内とされている。

　指導形態については，言語障害の状態が個々に異なることから，個別に指導が行われることが多い。しかし，必要に応じて，小集団での指導等も組み合わせて行われている場合もある。

　また，一部には，通級による指導を担当する教師が，対象となる児童生徒の在籍する学級へ出向いて，集団への適応にかかわる指導を行う形態も見受けられる。

6) 指導方法の配慮

　言語障害のある児童生徒に接する場合には，周囲の者が根気強く児童生徒の言おうとしていることを聞くように心がけることが大切である。

　言語障害の児童生徒に対する指導上の配慮は，次のとおりである。

　相手に話したい，伝えたいという気持ちは，いずれの児童生徒も一緒である。児童生徒には，語りかける相手が必要であり，自分の言葉を受けとめてくれる相手の存在は，それぞれの成長を促すうえで，とても重要な意味をもっている。児童生徒が分かる方法で話し，伝わることの実感をもたせ，より積極的に教師や友達と伝え合いたいと思うようにさせたいものである。

　　ア　信頼感を育てるようにすること

　児童生徒が何か言いたそうだと感じられるときは，まず，児童生徒の話に耳を傾けることが大切である。児童生徒が話しにくそうな言葉や言いまちがえそうな言葉に対しては，そっと適切な言葉を添えることにより，児童生徒も話しやすくなる。児童生徒の話そうとする意欲を高め，この教師なら分かってくれるという信頼感を育てることが重要である。

　　イ　話しやすい雰囲気をつくるようにすること

　児童生徒の好きなことや得意なことを的確に把握し，機会を見つけて，こうしたことを話題にすることにより，児童生徒が得意になって話せるような場や雰囲気をつくり出すようにする。

　　ウ　達成感や成功感を味わわせるようにすること

　児童生徒は，少しでもできるようになったことを教師や友達に聞いて欲しい

と思っているものである。したがって，適当な目標を与えたり，適切なアドバイスをしたりしながら，できたという達成感や成功感を味わわせるようにすることが大切である。

(宍戸和成)

(2) 指導計画の作成と展開例──「構音障害児童の指導」

1) 基本的な考え方

　構音障害は，口蓋裂など発声・発語器官に問題のある器質的構音障害と，それらの器官には問題がないが，何らかの原因で誤った構音を身に付けてしまった機能的構音障害に大別される。前者は，医療機関と連携しながら指導を進めるが，いずれにしても誤って学習した構音を，正しい構音に置き換えていくことが指導の主眼となる。

　構音の改善は，発声・発語器官の運動の随意性と，正誤音を迅速に聞き分ける好感度の聴覚的フィードバック機能を，児童がどの程度獲得しているかに左右される。したがって，指導は，知的発達・運動発達・社会性の発達・心理状態等の実態を押さえたうえで，上記2点を評価し，**表5**（次頁）に例示したような過程に基づき進めていくことになる。その際，児童が自分の問題として構音障害をとらえ，主体的に改善を進めていけるような支援と工夫を講じることが大切である。

2) 事例「口蓋化構音障害児6年Ａ男」に対する指導の展開

ア　主　訴

「低学年より発音が不明瞭であることに気付いていた。家庭の状況から通級は難しいだろうと考えていたが，本児からも希望が出されたので，訪問指導で発音の改善を行ってほしい」との依頼が在籍校より出された。

イ　児童の実態把握

《生育歴等》

　知的面，運動面等では，発達上の大きな問題は認められない。幼児期から"聞きづらい発音"であったとのことだが，母親の入退院が繰り返され，そのまま過ごしてきている。

表5　指導プログラムの構成と指導のねらい《／さ／を例にして》（概要）

指導段階	内　　容	指導のねらい
第1段階	誤り方と正しい音の作り方	現在の構音の状態を知らせ，正しい音の作り方を説明。
第2段階	発声・発語器官の運動機能と聴覚的弁別力の基礎作り	口遊び，耳遊びを通して，正しい音を作るための発語器官の運動機能と正誤音を聞き分ける基礎的な力を付ける。
以下の段階では，それぞれのステップに応じた発語器官の運動機能と聴覚的弁別力を育てながら，いつでも正しい音で話せる力を付けていく。教材はそれぞれのステップごとに易から難へと配列されている。		
第3段階	正しい構音運動を知る段階 　ステップ1：子音を作る 　ステップ2：単音を作る	正しい音を作り出すことをねらい，様々な音作りの方法の中から選択する。その際，発している音をフィードバックさせることで自己訂正力を育てていく（以下の段階でも同様）。
第4段階	正しい構音運動を練習する段階 　ステップ3：母音とつなげる 　ステップ4：色々な音とつなげる 　ステップ5：単語による練習 　ステップ6：句による練習 　ステップ7：短い文による練習	作り出せた正しい音を様々な音脈を用いて練習する段階。 　教材例：さあ・いさ・うさえ　など 　教材例：さこ・もさ・ふさら　など 　教材例：さか・あさい・はさみ　など 　教材例：あかい　かさ・さんびきの　さる　など 　教材例：さかなが　およぐ・ささが　さらさら　ゆれる　など
第5段階	正しい構音運動に習熟する段階 　ステップ8：長い文による練習 　ステップ9：文章による練習 　ステップ10：課題会話による練習 　ステップ11：自由会話による練習	正しい音に習熟する段階。 　教材例：さめや　さんまや　さばは　うみの　さかなだ　など 　教材例：絵本・童話・教科書などの文章 　教材例：脚本・話題設定など 自由に話す中で構音が正しいことを確認し合う。

《指導開始時の構音状態》

〔構音の状態〕：舌先音（さ・た・な・ら・ざ・だ行とその拗音）を発音する際，舌面が盛り上がり硬口蓋に接し，音を歪ませる（口蓋化構音）。舌先音が前後につく音脈では，その音脈全体を歪ませ，発話明瞭度を下げる。

〔発語器官の形態〕：下歯列弓がやや狭く，硬口蓋の窪みが中央部でやや深い。

軽い反対咬合である。しかし，構音の改善には支障がないと判断される。
〔発語器官の運動機能〕：随意性が高く，指示どおりの動きを行う。
〔聴覚的機能〕：指導者の発する正誤の弁別は素早くできるが，自分が発した音に対する聴覚的フィードバックは十分に育っていない。
〔構音に対する心理〕：自分の発音が他児と違うということは，これまでにも指摘され，かなり意識している。しかし，発話意欲を大きく損なっているほどではなく，日常会話は普通に行っている。治るものならば治したいとの思いは強い。

　ウ　指導の目標

　口蓋化構音の改善を行い，A男の発音に対する心理的負荷の解消を図り，コミュニケーション活動の一層の活発化を目指す。

　エ　指導内容の構成（在籍校を訪問しての週1回1単位時間の指導）

① 随意性の高い舌の運動機能を活用して，誤構音運動を正しい構音運動に置き換える練習を系統的に進める。
② ①に併行して，即時的に発音を評価し聴覚的フィードバック機能を高め，自己訂正力を育てる。

　オ　指導上の留意点

① ／s／行（さ・す・せ・そ）を指導第一音群として，舌出し法で行う。なお，他の舌先音への波及を指導過程で意図的に図るようにする。
② 家庭での援助が難しいことと年齢を考慮して，在籍校と協力して，具体的な課題を示し，自主的に改善練習に取り組めるように工夫する。

　カ　評価の観点

① 正しい構音運動が各練習段階で90％の正音率を超えたら，次の段階へ進むことをあらかじめ児童に知らせておく。その際，児童自身の評価を加味しながら，次の段階の練習内容を決める。
② 構音の改善がコミュニケーション活動等にどのような影響を及ぼしているかを合わせて評価する（学習や進学へ好影響が見られたと在籍校は評価）。

　キ　指導経過（指導回数27回）

【第1期：子音／s（θ）／と音節／さ・す・せ・そ／の獲得と＋母音＋の練習】

現在の誤った構音運動を理解させ，正しい構音運動の仕方を示してから，鏡

やビデオ再生を利用して，舌の動きを視覚的にとらえることができる舌出し法による／s／の練習を行う。獲得はスムーズに進み，／s／に母音をつけ，音節／さ・す・せ・そ／も簡単に獲得した。前後に母音をつけての練習課題も1週間の練習後，楽に正しく発音できるようになる。この間に，誤った発音をすると，"アッ"と気付くようになる。練習の過程で舌をわずかに歯間より覗かせるだけで歪みが消えるようにもなる。（指導回数2回）

【第2期：舌出し／s／を核に他の舌先音の正しい構音の獲得を単音節〜単語で図る】

／s／の単語での練習を開始したところ，語尾・語中単語で他の舌先音があると，単語全体に歪みが生じた。そこで，舌先音は舌先を使って音を出すことを教示し，舌先を／s／のようにやや出し加減で発音する（t・d・nなど）ことと，舌先を上歯茎に触れて発音する（r）ことに注意しながら，単音節・＋／s／＋の音列（例：たさた）で練習した。この練習の成果から，A男は改善に対する自信を育てた。その後，再び／s／の単語練習に取り組む。／s／行語頭・尾・中単語表それぞれ60語を誤りなく，スムーズに読めるまで練習を重ね，次のステップを設定した。この過程で，注意の入れ方が上達し，歪みに自分で気付き，訂正することも多くなった。（指導回数5回）

【第3期：句や短い文を読む練習を通して長い音列での注意力を育てる】

前の段階で，「おはようございます」のような長い音列の場合，／ざ／と／す／の両方に舌先使用の意識が行き渡らない傾向がやや見られた。そこで，目標を上記のように設定した。前期で使用していた単語表をまず用いて，『さくらのスキーのせびろのそうこ』のように，"の"や"に"や"や"などをつけてナンセンスな句で発音練習をした。言い慣れた単語群でもあり，練習はスムーズに進展した。短い文による練習も難なくこなし，誤るとすぐに自己訂正する回数も多くなった。（指導回数4回）

【第4期：国語教科書の音読練習から自由会話への波及をねらう】

A男の希望により，教科書を使用した音読を通して，キャリオバー練習に入る。／n・r／がある音脈で歪みが生じやすいことなど，細かく確認しあいながら練習を進める中で，会話への波及が緩やかに進んだ。口蓋化構音の改善にとって，一番厄介な段階であったが，本児の意欲が高く，担任や級友の援助を受けて改善が果たされた。（指導回数16回）

なお，在籍校は，学習や進学へ好影響が見られたと評価している。

（中村勝則）

7　情緒及び行動の障害

(1) 基本的な視点

1) 多様な実態

　生活において友人や家族，教師など周囲との関係における軋轢から生じる情緒的な混乱などは，行動面に表れてくる。その状態は，環境との関係で心理的に不安や緊張などが見られ，集団の参加が難しい程度から，情緒的な混乱をきたし，精神科の受診を必要とするものまでおり，実態は多様である。
　このような心理的要因への関与が大きい情緒障害の現れとしては，小学校期においてはチック，かん黙などがある。また，情緒面の発達が未成熟であるために母子分離が十分にできなかったり，過去の経験から学校のトイレのブースのような閉鎖空間に入ることができないものもある。
　また，様々の原因により，極端な自信欠如が見られたり，集団参加が困難であったり，心理的要因から食欲不振になったり，自分の体を引っ掻いて傷付けたり，極端な粗暴行為が見られたりする例や，登校前に頭痛や腹痛を訴えたりする状態から，不登校になる例もある。
　なお，我が国の情緒障害教育では，かん黙，チック，不登校などのいわゆる情緒障害と，自閉（自閉症及び自閉傾向を指す）を中心とする発達障害を対象としており，自閉症については後述する。

ア　かん黙症
　言葉を話す能力がありながら，話さない状態が症状として見られるとき，かん黙症という。かん黙の多くは，何らかの心理的要因に起因する心因性かん黙（phycho mutism）であるが，一部には発声器官の障害や聴覚器官の障害，知

的障害，精神分裂病などに伴って生じる場合も見られる。

心因性かん黙には，すべての場面で話さないタイプと，ある特定の場面（学校だけで話さないなど）だけで話さないようなタイプとがある。この場面かん黙（「選択性かん黙」ともいう）の児童生徒が最も多く，一般的にはかん黙というと，場面かん黙を指すことが多い。

イ　不登校

子どもが身体的な病気や家庭の事情などの客観的な理由によるのではなく，心理的な理由により，学校に行かない状態を不登校という。

我が国では，学校恐怖症（school phobia）という表現を用いていたときもあったが，その後神経症的な面では，把握しきれない多様な状態から登校拒否という表現が用いられるようになった。しかし，最近では，登校しない状態を示す用語として不登校が用いられるようになった。不登校については，「生徒指導上の諸問題の現状と文部省の施策について」（文部省初等中等教育局中学校課　1996）で以下のように区分しているが，情緒障害教育で対象とするものは，B及びEを除いたものである。

　　A　学校生活に起因する型　　　B　あそび非行型
　　C　無気力型　　　　　　　　D　不安定など情緒的混乱の型
　　E　意図的な拒否の型　　　　　F　複合型
　　G　その他

不登校の中には，親からの心理的独立に挫折，自己内の葛藤に起因，甘やかされ，困難や失敗を避けて家庭内に逃避するものなど神経症的な者もあれば，精神分裂病などの発症による者など多様である。

2) 情緒障害児の指導計画の作成

このような情緒や行動面に対する指導では，表出された行動の背景を十分に探りながら，本人に対する指導とともに，環境の改善が重要となる。

情緒障害となる背景には，家族との関係や学校における人間関係の要因などが複雑に絡み合っている場合が多い。

小学校段階では，友人関係や家族関係に原因が見られる場合が多く，そのために本人に対する指導以上に，環境の改善を図り，保護者や教師が付き添うなどして不安を除去し，心理的に安定した状態を作りながら集団に参加できるよ

うに，きめ細かな指導が重要である。

　他方，青年期においては，昼夜逆転の生活が続いたり，被害意識が極端に強く現れたり，身体症状を訴えて不登校になる例が見られる。このような場合，本人は学校には行かなければならないこと，集団に参加する必要があることなどを十分に理解しているものの，その場面で適切な行動に移せないことから，カウンセリングを中心とした指導が重要である。無理矢理に集団参加させようとすると，粗暴な行動に出たり，不登校になったりするなどがあることから慎重な対応が必要である。

　また，青年期には，数は極めて少ないが，幻視・幻聴などの状態，分裂病の初期症状，人格障害，行為障害などの状態があることにも留意する必要がある。このような場合は，教育相談所への紹介を行うとともに，教育相談所を介して専門となる児童精神科の診断を受けることも考えられる。

(2) 自閉症

1) 自閉症の定義と行動

　自閉症は，発達障害の一つであり，その原因として，家族や友人，育児などの環境的な要因は否定されている。また，男女比では，男子が約80%を占めているがその原因は明らかになっていない。さらに，知的障害を併せるものは約80%程度おり，知的障害を併せていない場合は，高機能自閉症といわれている。自閉の場合は，一般に，言語の特異な習得と使用の困難さ，対人関係の困難さ，固執行動などが特徴的に見られるため，自立活動の指導内容は多岐にわたっている。

　なお，自閉症の場合，とくに，問題となるのがパニック行動である。大声を出して教室から飛び出したり，押さえつけた教師の手を爪を立ててつかんだりする。また，大声で泣き出したりする行動が続く場合などがある。このような例は表出された一部であり，診断基準とは異なることに留意する必要がある。

2) 自閉症児の指導計画の作成

　自閉症の児童生徒に対する指導では，発達障害であることを十分に押さえて

おく必要がある。とくに，学習面では，一日の予定が理解できないことから，その時間にどのように行動したらよいか戸惑うことが多く見られる。また，変化する周囲の状況を理解できないことから，適切な行動がとれないことがしばしば見られる。

指導に当たっては，できるかぎり日々同じ生活を繰り返すようにし，そこでの基本的な行動の取り方を身に付けることができるようにすることが大切である。また，学校生活における言語面では，次のようなことに留意することが大切である。

① 抽象的な言語理解が難しいため，児童が理解できる言葉を限定し，指示すること。
② 言葉の未学習や誤学習が見られることから，断片的な言葉を発した場合でも，多様な意味が含まれていることがあり，十分に斟酌すること。
③ 発問は具体的にすること。
④ 理由をこと細かく聞くと，混乱してしまうことがあること。

このような点に留意しながら，自立活動の指導では，おおむね以下のような指導内容について，個々の実態に応じて計画することが大切である。

　ア　健康安全面の指導
① （昼夜の逆転のある場合は）規則正しい生活リズムの形成
② 危険なものや状態の認識，交通安全のための理解

　イ　認知能力の指導
視覚，聴覚，触覚などの諸感覚を適切に使用することができるようにするため，例えば，次のような指導が大切となる。
① 特定の音の刺激に対する極端な反応（耳ふさぎ・教室からの飛び出しなど）の除去。
② 物の名称の呼び方と実物と機能の関係の理解。
③ ボディ・イメージを作るとともに，上下左右前後など身体の位置との関係の把握。

3) 言語面の指導

言語面で見られる特徴としては，おうむがえし，質問内容の語尾に対する反応，イントネーションの平坦さ，語尾が上がるなどに見られ，意思の伝達の困

難さが指摘される。このために発声や発語の指導，音声の模倣，言葉や仕草の理解，状況の理解と説明，会話などに関する指導が挙げられる。　　　（吉田昌義）

(3) 指導計画の作成と展開例——「自閉の児童の指導」

1) 基本的な考え方

　自閉症児の指導計画の作成に当たっては，その障害特性を十分理解したうえで，対象となる児童の障害の状態や発達の段階を的確に把握し，指導の目標及び指導内容を明確にして，個別の指導計画を作成しなければならない。具体的には，自閉症が三つの行動特徴（相互的社会交渉の質的障害，言語と非言語コミュニケーションの質的障害，活動と興味の範囲の著しい限局性）で定義される障害であることを踏まえ，児童がその障害に基づく種々の困難を主体的に改善・克服するために必要な知識や技能，態度及び習慣を養えるような指導事項を，「自立活動」の内容と照らし合わせて選択し，指導計画を作成することが必要である。

2) 児童の実態把握

　対象となる児童の実態把握に当たっては，様々な方法でできるかぎり多くの情報を集めることが必要である。保護者（養育者）からは，生育歴等の細かな聞き取りを行い，基本的生活習慣の自立の程度など，現在の状況を把握する。また，対象児の行動を直接観察して，様々な能力について知ることも重要である。とくに行動観察を行う場合には，意図的に設定された場面で個別的に能力等（言語理解力，言語表現力，数等の基礎的な概念の形成の程度，運動機能上の問題の有無，情緒の安定や対人関係の理解の程度など）の実態を探ることに加え，集団場面における対人関係を中心にした実態を把握することが望ましい。また，認知や言語面の発達段階等のプロフィールを客観的に評価するためには，WISC-ⅢやK-ABCなどの心理検査等を活用することは有効である。

　こうして集めた情報は，指導目標の設定に向けて，指導課題を明らかにするための項目（基本的生活習慣の状態，学習態勢の確立の実態，認知・言語面の発達段階，運動機能面の発達段階，対人関係・社会性の発達の状態，情緒面の

発達・安定の程度，集団参加の状態，基礎的な学力の習得状況，その他）ごとに整理する。

3）指導目標の設定

　指導目標の設定に当たっては，まず児童の実態を整理した項目ごとに，指導課題となる事柄を列挙し，さらに保護者や本人のニーズを加味して指導の課題を設定する。その課題から具体的に達成可能な目標をリストアップしていき，リストアップされた目標を，個々の児童の生活条件などから短期的な目標（具体的で段階的，系統的な指導の中での位置づけがはっきりしているもの）と長期的な目標（短期的な目標を集約して将来的な見通しがはっきりしているもの）に整理して設定することが必要である。その際，指導課題となる事柄を相互に関連づけて設定することが望ましい。

4）指導内容の構成

　設定した指導目標を達成するためには，児童が興味をもって主体的に取り組み，成就感を味わうことができるような内容を段階的に取り上げることが重要である。その際，児童が障害に基づく種々の困難を改善・克服しようとする意欲が高まるような指導内容を重点的に取り上げ，発達の進んでいる側面を伸ばすことによって，遅れている側面を補うことができるような指導内容を取り上げることが望ましい。

　自閉症児の指導に当たっては，その障害特性から「自立活動」の内容では，「1　健康の保持」の「(1)生活のリズムや生活習慣の形成に関すること」，「2　心理的な安定」の「(1)情緒の安定に関すること」，「(2)対人関係の形成の基礎に関すること」，「(3)状況の変化への適切な対応に関すること」，「3　環境の把握」の「(4)認知や行動の手掛かりとなる概念の形成に関すること」，「4　身体の動き」の「(3)日常生活に必要な基本動作に関すること」，「5　コミュニケーション」の「(1)コミュニケーションの基礎的能力に関すること」，「(2)言語の受容と表出に関すること」，「(3)言語の形成と活用に関すること」，「(4)コミュニケーション手段の選択と活用に関すること」，「(5)状況に応じたコミュニケーションに関すること」が中心となる。

5) 個別の指導計画例

個別の指導計画例を以下に示す。

個別指導計画

(平成○年度) 平成○年○月○日作成　江戸川区立二之江第三小学校　ふじのき学級

| 児童名 | ○○○○※ | 学年 | 2 | 在籍校 | ○○小学校 | 通級日 | 火曜2,金曜5,計7単位時間 |

障害の状態（障害名,程度など）　　　諸検査結果

| 自閉症〔アスペルガー症候群(Q)〕 | 言語発達診断検査(田研)〔CA7:06〕語彙年齢＿＿
WISC-R〔9.〕IQ＿ VIQ＿ PIQ＿ |

児童の実態

項　目	現在の状態像	指導課題となる事柄	指導場面
基本的生活習慣	身辺処理についてはほぼ自立しているが,気持ちにむらがあり着替え等を拒否することもある。	いつも指示に従って時間内に着替えを終える。	小集団指導
学習態勢	基本的な学習態勢が身に付いていない。落ち着いて座っていることが苦手で足を揺すったりいつも体の一部を動かしている。姿勢も崩れがち。	学習に関係のないことはしゃべらずに,不必要に体を動かさないで集中して学習する。	個別指導 (小集団指導)
認知・言語の発達	基本的な概念については理解があるが格助詞の使い方や言語表現力に乏しいため会話が難しい。	格助詞等を正しく使って文を作る。数の基礎的概念を身に付ける。	個別指導
運動機能	注視が苦手なので運動模倣は全般的に苦手である。特に協応動作は難しい。用具の使い方もぎこちない。	指示に従ってよく見て模倣して運動する。ボールや縄などの操作に慣れる。	小集団指導 「運動」他
対人関係・社会性	行動を規制されることを極端に嫌がり,常に自分中心で行動したいため協調性がない。	指導者との信頼関係を築き,指示に従って学習する。	個別指導 小集団指導
情緒の発達情緒面の安定	新しいこと,見通しのもてないことに極端に不安を示し,頑固に拒否したり,わざと屈折した行動をとる。	様々な活動を体験し,見通しをもって安心して学習する。	小集団指導のすべての活動
集団参加	まわりの友達,大人の行動には関心が向かず,自分中心に行動しているため集団参加できない。	小集団で皆と同じ活動を行い,集団での学習の仕方を学ぶ。	小集団指導
基礎学力	学習に対する苦手意識が強く,拒否するため基礎的な学習が遅れている。	国語,算数の基礎的な学習を進める。	個別指導
その他			

7 情緒及び行動の障害

保護者の要望や期待

- 先生の指示を聞いて皆と一緒に学習に参加してほしい。
- 友達とのかかわり方を知って、一緒に遊んだり仲良くしてほしい。

指導目標

期　間	指導目標（指導の重点）	評　価
長期 1年間	・語彙を増やし，言語表現力を豊かにする。 ・状況の認知能力を高め情緒的に安定して過ごせるようにする。	
1学期	・自分の思い（「～したい，～いや」など）を素直に言葉で表現できるようにする。 ・指示にしたがって素直に行動できるようにする。	要求表現が豊かになり少し困難な課題にも取り組めるようになってきた。
2学期	・小集団の場面でも不安なくいろいろな表現ができる。 ・目標や目当てを意識して自分の行動をコントロールする。	困難な課題に対して二度目からは自分で取り組もうとする態度が育ってきた。
3学期	・要求や思いを表現したり，教師と会話して楽しむ。 ・困難な課題にも意欲的に取り組めるようにする。	

※架空の児童について作成した記入例。

指導内容・年間計画表（平成○年度）

児童名　○○○○※　　個別担当者　○○○　　　　二之江第三小学校　ふじのき学級

	指導場面	指導目標	1学期	2学期	3学期	方法・配慮事項等
個別指導	1対1個別指導	・学習態勢の確立	着席姿勢（よい姿勢で学習する）―――	（集中し，足をしっかり床につける）――→		自ら意識させる
			丁寧に文字を書く（ゆっくり書く）―――	行動のコントロール ――→		ゆっくり書く習慣をつける
		・ことばの基礎的概念・理解	名詞の仲間分け・仲間はずれ探し ―――	――――→		プリント，ワークシート
			理由の説明・類似点の説明 ―――	「連想・類似」「何ですか（概念）」――→		写真，絵等
				助詞の穴うめ，時を表す助詞 ――――→		プリント・パソコンソフト
		・漢字の学習		漢字の読み書き（1年～2年） ――――→		プリント・パソコン（エデュテインメントソフト） ※在籍校との連携課題
		・場面の状況理解	教師とのごっこ遊び			
		・視覚認知～数	ペグさし・数の大小比較 ―――	かけ算九九 ――――→		プリント問題
					お金の学習 ――→	※在籍校との連携課題

小集団	朝の会	・友達の意識 ・注視, 傾聴,注意の集中 ・言語理解,表現 ・集団参加 ・全体の指示理解	名前・返事・役割交代 今日の給食の献立(視写) 今日の予定の相談 (読む・見通しをもつ) 歌, 歌遊び(模倣, リズム打ち) 暦, 天気	┄┄休み時間の遊び┄┄→ (聞き取り書き) (質問に答える)	→個人写真・名前プレート等 →ワークシート 昨日のことを発表する →文型パターンのヒント →月ごとの歌, 歌遊び →個別ワークシート	
指導	造形遊び	・全体への指示の理解, 傾聴 ・集団参加・友達の行動の意識 ・道具の使い方	どろ遊び・粘土遊び 積み木作り →紙粘土作り・遊び→ (姿勢の維持)クリスマスのかざり・カード(紙工作) 人の存在を気にした行動┄┄┄┄ のこぎり, かみやすり, サーフォーム等	コリントゲーム作り 紙工作 万能塗料, 紙, ハサミ, のり	粉状粘土・たらい・ビニールシート 他 人割・のこぎり・万能塗料 他 色画用紙・シール・他 声かけ, 意識 かなづち, のこぎりはさみ, のり他	
	運動	・注視, 模倣 ・基本の運動	基本の運動模倣 (細かい部分まで正確に模倣する) 歩・走・跳の運動 (ケンパ・走る・よじ登る・飛び降りる・ぶら下がる・ひっぱる等)	→動きのある運動の模倣→ (行進・前転・走・飛び越し・横移動・ぶら下がり・飛び下り等)	師範の注視 場の構造化・道具の活用イメージの補助絵 (持久走・動物歩き他)	
	給食	・準備, 後片付けの手順の理解	おしぼり, ふきんをすすぐ, 絞る 身支度, 衛生		→事前の意識づけ	
	その他	・対人関係(自由遊び)		休み時間の活動の意識づけ	→遊びのセッティング	

※架空の児童について作成した例です。

6) 指導上の留意点

実際の指導に当たっては，次のような点に留意することが重要である。
① 自閉症児は一般に言語発達に遅れがあり，言葉のみでの働きかけや指示は正確に伝わらないことが多い。したがって，教材を作成する場合は目で見て理解しやすく見通しのもちやすい工夫が大切である。
② 自閉症児は場面の状況を判断することが苦手で，様々な変化に対して不安を抱きやすい。したがって，心理的に不安や混乱を与えないような配慮が常に必要であり，不安を解消する情報を発達段階に応じて与えることで指導者との信頼関係を築いていくことが重要である。

7) 評価の観点

指導の評価に当たっては，個々の指導目標が達成できたかをできるだけ客観的に評価することが望ましい。また，達成できなかった場合にその原因を検討し，柔軟に指導目標の修正が行われることが必要である。

（有澤直人）

◆参考文献

文部省：『盲学校，聾学校及び養護学校　幼稚部教育要領，小学部・中学部学習指導要領，高等部学習指導要領』，大蔵省印刷局，1999 年

文部省：『特殊教育諸学校学習指導要領解説　盲学校編』海文堂出版，1991 年

全国特殊学校長会「平成 7 年度　研究集録」（非売品），1996 年

稲本正法・小田孝博・岩森広明・小中雅文・大倉滋之・五十嵐信敬編著：『教師と親のための弱視レンズガイド』，コレール社，1995 年

新潟県立柏崎養護学校：「病気に負けない明るい子の育成を目指す養護・訓練」，1995 年

文部省：『特殊教育諸学校学習指導要領解説　養護学校（病弱教育）編』，大蔵省印刷局，1992 年

武田鉄郎：「健康障害児の自立活動―病気の多様化への対応―」，『養護学校の教育と展望』116 号，2000 年

山本昌邦：「病弱児に対する指導計画の展開」，大川原潔編著：『養護・訓練の基本と展開』，第一法規，1990 年

大川原潔編著：『養護・訓練の基本と展開』，第一法規，1990 年

文部省：『盲学校，聾学校及び養護学校学習指導要領解説　自立活動編』，海文堂出版，2000 年

文部省：『盲学校，聾学校及び養護学校学習指導要領解説　総則編』，海文堂出版，2000 年

文部省：『盲学校，聾学校及び養護学校学習指導要領解説　各教科，道徳及び特別活動編』，東洋館出版社，2000 年

原田政美：「眼のはたらきと学習」『慶應通信』，1989 年

東京都心身障害者福祉センター：『弱視レンズの選択と指導』，東京都心身障害者福祉センター，1992 年

大川原潔・香川邦生・瀬尾政雄・鈴木篤・千田耕基編：『視力の弱い子どもの理解と支援』，教育出版，1999 年

多田俊文編：『教育の方法と技術』，学芸図書，1992 年

松原太洋：「ことばを育てるための指導事例(2)―話し合って書く活動を通して―」『筑波大学附属聾学校紀要』第 12 巻，筑波大学附属聾学校，1990 年

松原太洋：「ことばを育てるための指導事例―板書を読む活動を通して―」『筑波大学附属聾学校紀要』第 11 巻，筑波大学附属聾学校，1989 年

斉藤佐和編著：「言語活動評価表」『聴覚障害児の言語活動―「生きる力」としての言語活動から「学ぶ力」としての言語活動へ―』，聾教育研究会，1986 年

湧井豊：『構音障害の指導技法―音の出し方とプログラム―』，学苑社，1992 年

飯高京子他編：「構音障害の診断と指導」『講座　言語障害児の診断と指導　第 1 巻』，学苑

社，1987年
福迫陽子他：『口蓋裂の言語治療』，医学書院，1983年
岡崎恵子他：『口蓋裂の言語臨床』，医学書院，1997年
宮崎昭：「日本における個別指導計画」『肢体不自由教育』136号，日本肢体不自由児協会，1998年
渡辺涼：「特殊教育におけるインフォームドコンセント―子どもと保護者の要望を活かす教育―」『教育と医学』46巻12号，慶應義塾大学出版会，1998年
宮﨑昭：「障害児の学習経過をどう記録し評価するか」『肢体不自由教育』126号，日本肢体不自由児協会，1996年
文部省：『病弱教育の手引　教科指導編』，海文堂出版，1996年

第6章 ❖ 重複障害児に対する指導計画と配慮

Chapter 6

1　重複障害児の実態把握

(1)　指導計画作成上から見た重複障害の意味

　昭和50年3月,「重度・重複障害児に対する学校教育の在り方について（報告）」が特殊教育の改善に関する調査研究会から出されているが,この中で,重度・重複障害を次のように規定している。
① 　学校教育法施行令第22条の3に規定する障害を二つ以上併せ有する者
② 　発達的側面から見て,「精神発達の遅れが著しく,ほとんど言語も持たず,自他の意思の交換及び環境への適応が著しく困難であって,日常生活において常時介護を必要とする程度」の者
③ 　行動的側面から見て,「破壊的行動,多動傾向,異常な習慣,自傷行為,その他の問題行動が著しく,常時介護を必要とする程度」の者
　法令上からみると,重複障害者とは①を指すが,重度・重複障害者という場合は,②と③も含むことになる。これらに相当する幼児児童生徒は,福祉サイドで一般に用いられている重症心身障害児である。当然のことながら,こうした児童生徒に対しては,自立活動を主とした特別の教育課程等の特例規定によ

って教育が行われている。しかしながら，教育課程編成上の重複障害者は，①〜③に限定されているわけではない。各学校において，重複障害者の特例規定に基づいて，教育課程を編成した方が，効果的指導を展開することができると判断した児童生徒については，これを適用することができる点に留意する必要がある。

(2) 実態把握の手順と方法

学習指導要領に示されている自立活動の内容は，人間としての基本的な行動を遂行するために必要な要素と，障害に基づく種々の困難を改善・克服するために必要な要素を五つの区分に分類・整理したもので，合計22項目からなっている。しかしながら，これらの22項目を各区分ごと又は各項目ごとに別々に指導することを意図しているわけではない。したがって，実態把握は，これらの区分や項目に関して行うことはあっても，指導に当たっては，五つの区分ごとに示された内容の中から，個々の児童生徒に必要とする項目を選定し，それらを相互に関連づけて具体的に指導内容を設定する必要がある。

実態把握の方法としては，行動観察法，発達検査法，面接法，カルテや指導記録などからの情報収集がある。前二者は，教師が幼児児童生徒に対し直接行うことが多く，後者の二つは，幼児児童生徒に関する背景情報を収集するために用いられることが多い。これらの方法によって得られた結果なり情報を総合的に検討して，実態把握を行うことが大切である。そして，単なる実態把握に終わらずに，発達や適応上の問題点を整理して，それらに関与する阻害要因を特定するなどして，指導計画の作成につながるようにしなければならない。

1) 実施上の留意点

重度児の行動観察に当たっては，次の点に留意する。

① 児童生徒とかかわりながら，いろいろな刺激を与え，それに対する反応を観察する。すなわち，どういう条件のときにどのような行動が表出されるのかというように，行動の生起を周囲の条件と関連づけて観察することが重要である。その際，刺激の種類や提示の仕方，子どもの姿勢や介助の方法などを変えて行う。

② 重度の児童生徒の中には，人や場所の違いにより，行動が著しく影響を受けたり，そのときの体調など，生理学的条件によって行動が左右されやすい者がいるので，同一の場所や人における一回限りの観察ではなく，継続的な観察を行う必要がある。すなわち，日内変動や日間変動に留意する。

重度児に発達検査法を実施する際には次の点に留意する。発達検査法には，相対評価に立脚した集団基準準拠型検査と，到達度評価に立脚した指導目標準拠型検査とがある。前者は，障害のない児童生徒の標準的な発達を基準にして作成されたもので，その基準と比較して発達の遅れの程度を把握することが主な目的であり，遠城寺式検査，津守式検査など従来の発達検査のほとんどがこれに属する。児童生徒の発達の強い面と弱い面を把握するときに役立つ場合があるが，検査結果から直接指導目標は導き出せない。これを可能にするのが指導目標準拠型検査であり，指導プログラムと称されているものもある。

例えば，「乳幼児の精神発達と評価」（ウズギリスら），「ポーテージ式乳幼児教育プログラム」，「乳幼児発達指導法」（シャファーら），「運動に遅れのある子どもの指導プログラム」（ハンソンら）などがある。これらは，評価のターゲットと指導のターゲットが一致している点に大きな特徴があるが，あくまで一般の発達の順序に基づいて，評価項目や指導項目が決定されているので，固有の発達過程が予想されたり，発達の速度が極めて遅々としている年長の重度障害児童生徒には適用が難しい場合がある。

どのような発達検査を用いるにせよ，発達検査の特徴をよくとらえ，評価の目的と一人一人の実態に見合ったものを選択し，適切な実施と結果の解釈を行わなければならない。

また，面接法などにより，重複障害児に関する背景情報を収集する場合には，予め質問事項を用意し，具体的にたずねるなどして適切かつ正確な情報を得るようにしなければならない。

2)「健康の保持」に関する実態把握

「生活のリズムや生活習慣の形成に関すること」については，まず最初に，児童生徒の一日の生活リズムと日課を調べる必要がある。訪問教育の場合は，この点の実態把握は不可欠であり，用意された日課が児童生徒の生活リズムからみて，適切であるかどうかが検討されなければならない。覚醒と睡眠のリズム

が乱れていないかどうか，覚醒の時間帯はいつか，そのときの活動の質や量はどうか，てんかん発作や投薬との関連性はどうかなどについて把握しておく。また，食事については，その時間や回数，摂取方法，摂食物の内容，摂食時の姿勢や口腔機能の状態などを把握する。排泄に関しては，排泄の回数や時間，排泄方法などを調べる。こうした実態把握は，食事や排泄をはじめ，生活習慣の形成に向けての指導計画を立てるうえで役立つはずである。

その他，呼吸機能，体温調節機能，心臓機能，投薬の時間，発熱，てんかん発作，ぜん息発作，嘔吐，下痢などの体調に関する情報も入手しておく必要がある。これらは，指導を展開するに当たって，どの程度の活動量や休息を取り入れたらよいかを判断する手がかりとなろう。

「健康状態の維持・改善に関すること」については，障害の状態が重度・重複している幼児児童生徒においては，健康の状態を明確に訴えることが困難なため，あらゆる場面での健康観察によってその状態を把握し，乾布摩擦や軽運動，自然の諸要素（空気，水，太陽光線）を利用した身体の皮膚や粘膜の鍛錬，血行の促進，呼吸機能の向上，体温の調節などを行い，健康状態の維持・改善に努める必要がある。こうした指導を行うに当たっては，医療機関や家庭との連携を図りながら進めていく必要がある。

3)「心理的な安定」に関する実態把握

とくに重要な項目は，「情緒の安定に関すること」及び「対人関係の形成の基礎に関すること」である。

前者については，自己刺激的行動，自傷行動，他傷行動，異食，空笑などのいわゆる問題行動の実態把握を行う必要がある。生起しやすい場面や時間帯，頻度などを把握する。後者については，アイコンタクトがとれるか，おとなとの関係はどうか，他児との関係はどうかなどについて把握する。対人関係の実態把握は，後述する「コミュニケーション」の実態把握と関連づけて行うとよい。なぜなら，意思の相互伝達の基礎的能力の一つに，対人関係があげられるからである。加えて，快・不快など情緒の分化の程度についても把握しておく必要がある。

4）「環境の把握」に関する実態把握

　視覚，聴覚，触覚などの感覚ごとに機能の状態をとらえるとともに，これらを相互に関連づけてとらえることが重要である。また，重複障害児童生徒は，感覚と運動とが未分化な状態にあるので，感覚面と運動面を一体化して感覚・運動として総合的に把握することも必要である。また，今回（平成11年）の学習指導要領の改訂における「感覚を総合的に活用した周囲の状況の把握」に関することは，いろいろな感覚器官やその補助及び代行手段を総合的に活用して，情報を収集したり，環境の状態を把握したりして，的確な判断や行動ができるようにすることを意味しており，こうした面からも実態把握を行う必要がある。

5）「身体の動き」に関する実態把握

　運動の障害が重度であればあるほど，姿勢についての実態把握の必要度は増してくる。姿勢は拘縮や変形といった整形外科的な問題ばかりでなく，食事や排泄などの身辺処理の面，呼吸や発声などの言語面，見たり聞いたりする機能や手の操作などの認知面など，心身両面にわたる機能と密接に関係している。加えて，寝たきりで自分では姿勢を変えることのできない児童生徒の場合，姿勢は活動の種類とともに，一日の生活のリズムを規定する要因とさえ言えるほど，重要である。

　一日の生活の流れの中で，どのような活動が用意されているのか，その時々で児童生徒はどのような姿勢をとらされているのかを把握する。それとともに，どのような姿勢のときに，その子どもは最も手が使いやすいか，教材・教具や人を見やすいかなど，能動的な活動を行いやすい適切な姿勢を，観察によって見極めることが大切になる。

　このように，児童生徒の全人的発達という点から，姿勢をとらえることを忘れてはならない。児童生徒の姿勢をいろいろと変えてみて，姿勢の実態把握を行う場合，三角マット，側臥位保持板，特別製の椅子などの姿勢保持用具を使用すると効果的な場合がある。

6)「コミュニケーション」に関する実態把握

　コミュニケーションに関する実態把握は，次の二つの点から行わなければならない。一つは，教師が送る合図（発信）に対して，児童生徒がどのような応答（受信）を示すかという観点からの実態把握である。この場合の合図とは，教師の声かけやジェスチャー，教材・教具の提示等であり，応答とは，それに対する児童生徒の反応である。もう一つは，児童生徒が自らの意思を，第三者に伝える手段（発信手段）についての実態把握である。例えば，表情の変化，体の動き，視線の方向，発声，発語のうち，どれを用いて自らの要求を伝達しているかを把握する。前者は，コミュニケーションの受け手（受信者）としての実態把握であり，後者は，送り手（発信者）としての実態把握であるともいえよう。もちろん，両者は密接な関係があり，教師または児童生徒のどちらが送り手や受け手になるにせよ，意思の伝達は両者相互のやりとりであり，発信と受信の連続した系であるから，この点に留意して実態把握を行うことが肝要である。

　児童生徒が表出するわずかなサインから，その要求や意思を鋭敏に読み取る行動観察の技術を磨くと同時に，それを手がかりに，教師と児童生徒の相互のやりとりを発展させていくなかで，より的確な実態把握を行うことができるようになるのである。

（藤田和弘）

2　教育課程の類型と指導計画の作成

(1)　重複障害者等に対する教育課程の特例規定

　特殊教育諸学校の教育課程の編成に関する国の基準は，学校教育法施行規則及び学習指導要領に規定されている。そのなかで，重複障害者等に関する特例規定についてまず概観してみたい。ところで，ここで「重複障害者等」という表現を取っているのは，必ずしも重複障害者のみの特例規定ではなく，障害の

状態により，学習が困難な者に対する特例も含まれているためである。

なお，教育課程を編成するうえでの「重複障害者」は，学級編成上で規定されている「重複障害者」とは異なる点に留意しなければならない。つまり，教育課程編成上の特例が適用される重複障害者とは，何らかの重複障害があるため，特例規定を用いた方が効率的な教育を行うことができると，学校が判断した場合の児童生徒を指す。これらの児童生徒は，学校教育法施行規則や学習指導要領に規定されている特例を用いることができるのである。

1) 学校教育法施行規則に定められている重複障害者等の特例規定の概要

① 教科（各教科・科目）を合わせた授業（第73条の11-1）

　　この規定は，重複障害者のみの特例ではなく，心身の障害のために，教科（各教科・科目）を合わせて指導する方が効率的であると考えられる場合には，特殊教育諸学校に在籍するすべての児童生徒に対して適用することができる規定である。

② 領域を合わせた授業（第73条の11-2）

　　知的障害養護学校において，とくに必要がある場合は，各教科，道徳，特別活動及び自立活動という領域の一部又は全部について，合わせて授業を行うことができるという規定である。この規定は，他の特殊教育諸学校において，知的障害を併せ有する重複障害児童生徒の場合にも適用される。

　　この①と②の規定を用いて，知的障害養護学校や他の特殊教育諸学校で重複障害者を教育する場合，「領域・教科を併せた指導」を行っている場合がみられる。

③ 特別な教育課程（第73条の12）

　　重複障害者又は訪問教育の教育課程を編成するに当たって，とくに必要があれば，学校教育法施行規則や学習指導要領で規定されている基準にとらわれないで，特別な教育課程を編成してもよいという特例である。しかし，現在，学習指導要領の規定が大幅に弾力化され，この規定を用いなくともすべての重複障害者に適した教育課程を編成することが可能となった。つまり，学習指導要領に示されている弾力的な特例規定は，学校教育法施行規則の第73条-12を踏まえた規定であると解釈することができよう。

2) 学習指導要領に定められている重複障害者等の特例規定の概要

① 目標・内容の一部の免除

　障害の状態により学習が困難と思われる場合，各教科等の目標・内容に関する事項の一部を取り扱わないことができる。これは，重複障害者の特例ではない。例えば，全盲生徒の場合，球技の一部は実際に学習することが困難であるし，聾生徒の場合，英語のヒヤリングの一部は学習困難な場合が少なくない。このような場合の特例である点に留意する必要がある。

② 下学年・下学部適用の教育課程

　障害の状態により学年相応の学習が困難な場合には，一部又は全部を下学年の学習（例えば，6年生の児童が5年生以下の学年の教科の学習を行うこと）で対応してもよいという特例である。この規定は重複障害者に限定した特例ではないが，軽度の知的障害を併せもつ者の教育課程にはよく用いられている。中学部や高等部の場合には，下学年のみならず，下学部の適用もできる仕組みになっているが，高等部の場合の下学部の適用は，一部である点に留意する必要がある。また，小・中学部においては，幼稚部の各領域のねらい及び内容の一部を取り入れることもできる。

③ 知的障害養護学校の各教科との代替

　重複障害者の教育において，知的障害養護学校の教科を取り入れた方が効果的であると判断される場合には，それを部分的又は全面的に取り入れてもよいという規定である。

④ 自立活動との代替

　発達が著しく遅れていて，教科等の学習が困難な重複障害者に対しては，教科等に替えて自立活動を主とした指導を部分的又は全面的に取り入れた教育課程を編成してもよいという規定である。なぜ教科に替えて自立活動で対応した教育課程が編成できるのかについては後述する。

⑦ 授業時数に関する特例（実態・実情に応じて）

　特殊教育諸学校の小・中学部における授業時数は，一般的には，小・中学校の各学年の総授業時数に準ずることになっており，また，高等部においては，高等学校の単位数等におおむね準じている。しかし，重複障害者の場合には，個人差が著しく，学習への集中力も一人一人大きく異なるので，とく

に必要がある場合は，個々人の実情に応じた授業時数を適切に定めることができる規定になっている。

以上，特例規定を理解してもらうために，大筋を述べたが，厳密には，ニュアンスの異なる表現がなされている規定もあるので，詳しくは，学習指導要領を参照していただきたい。なお，いわゆる訪問教育対象者の教育課程は，重複障害者の特例で対応することとなっている点を付け加えておきたい。

(2) 重複障害者に対する教育課程の類型

重複障害者に対する教育課程編成のための特例規定については，概略を前述したが，これらの特例を勘案すると，重複障害者の教育課程として，次の三つの類型が考えられる。

① 下学年・下学部適用による教育課程

　たとえ中学部3年の生徒であっても，小学部1年までのいずれかの学年の各教科の目標・内容で対応できるような比較的知的な障害等が軽い者については，この類型が用いられる。また，必要があれば，幼稚部の各領域のねらいや内容の一部を下学部適用によって取り入れることもできる。

② 知的障害養護学校の各教科の目標・内容の導入による教育課程

　下学年・下学部適用では対応が難しい者のうち，主として知的障害に着目して指導するのが適当と思われる児童生徒については，この類型が用いられる。この場合は，教科ごとの指導を行うのか，領域・教科を併せた指導を行うのか等についても，指導計画の作成段階で検討する必要がある。

③ 自立活動を主とした教育課程

　6歳未満の発達段階に留まっているような重複障害者には，この類型による教育課程で広く対応することができる。その背景について簡単に説明を加えてみたい。

　学習指導要領に示されている自立活動の内容は，人間としての基本的な行動を遂行するために必要な要素と，障害に基づく種々の困難を改善・克服するために必要な要素とを抽象レベルで抜き出し，それを五つのカテゴリーに分類整理するという方法で示している。こうした示し方から，小学部におけ

る学習の基盤となる部分と，小学部，中学部，高等部における各教科等の学習とともに，その年代の発達段階にふさわしい学習が付加される部分とから成り立っていると解釈することができる。

　このような構造から，通常は，0歳から6歳ごろまでに獲得される様々な発達上の課題は，すべて自立活動として位置づけることができるわけである。

　以上，三つの類型について概観したが，こうした重複障害者の教育課程の類型を勘案すると，とくに，0歳から6歳未満の発達段階にある重複障害児の場合には，幾つかの教育課程編成の複線があることになる。第一は，自立活動を主とした教育課程であり，第二は，知的障害養護学校の各教科の導入による教育課程である。また，第三に，6歳未満で3歳以上の発達を遂げている者については，幼稚部の各領域のねらいや内容を取り入れた教育課程も考えられる。

　いずれを取り入れた教育課程で対応するかは，一人一人の実態によって異なるが，例えば，感覚障害の側面を重視した教育課程を編成しようという場合には，自立活動を主とした教育課程がベターであろうし，知的障害の側面を重視した教育課程を編成しようとする場合には，知的障害養護学校の各教科との代替による教育課程がベターであろう。

(3)　重複障害者に対する教育課程や指導計画の特色

　小学校の教師ならだれでも，「A小学校の第4学年においては，国語の時間が年間235単位時間位置づけられている」と聞けば，およそどんなことを指導しているか検討がつく。それは，学習指導要領に，小学校第4学年の国語の教科で指導すべき内容が明示されているし，それに基づいた教科書も整備されていて，全国各地の小学校では，これを用いた指導が行われているからである。

　では，特殊教育諸学校に在籍する重複障害児の場合はどうであろうか。「A君に毎週14時間の自立活動の指導を行っている」と聞いた場合，自立活動を主とした指導を行っているのであるから，A君は発達にかなりの遅れがある子だということは分かるが，それ以上の情報とはならない。また，「教科や領域を合わせて，日常生活の指導，生活単元学習，遊びの指導の三つの形態で指導している」と聞いても，具体的なイメージはなかなかわいてこない。

様々な研究会や講習会の席で，重複障害者の教育課程や指導計画が話題になるが，そこで交換される資料を見ると，なかなか具体的なイメージをもつことができにくいものが少なくない。それは，重複障害者の教育課程や指導計画は，重複障害者一人一人の実態やそれに基づく指導目標・内容等をぬきにしては語れないにもかかわらず，その点が明確でないものが多いためである。つまり，個別の指導計画でないと，意味をなさないのである。今回（平成11年）の学習指導要領の改訂において，重複障害者の指導に当たっては，個別の指導計画を作成することが明記されたが，これはたいへん意義深いことといえる。そこで，ここでは，重複障害者の個別の指導計画をどのような手順に基づいて作成すればよいか，そのあらましを述べてみる。

　ところで，一般的にみて教育課程を編成するうえでの最小単位は学年と考えられている。しかしながら，重複障害者の場合は，障害の状態や発達段階の個人差が大きいので，一人一人についての年間の指導目標や指導内容，さらには指導時間などが異なる。学校教育法施行規則や学習指導要領には，この点を考慮して，どのように重度な重複障害者にも対応することのできる弾力的な特例規定が設けられており，こうした規定等を勘案すると，重複障害者については，一人一人を単位とした教育課程の編成もあり得ると解釈することができよう。

(4) 重複障害者に対する指導計画作成の手順

　障害の状態や発達段階が一人一人異なる重複障害者に対して，具体的にどのような手順で指導計画を作成したらよいのだろうか。その手順として，次のような流れが考えられる。

① 実態の把握
② 重点目標の設定
③ 目標達成のための内容の設定
④ 指導の枠組みの設定
⑤ 指導形態の検討
⑥ １週間の指導時程の検討
⑦ 指導細案の検討
⑧ 実践と評価

1）実態の把握

　障害の状態や発達段階に個人差の大きな重複障害者の教育課程や指導計画を作成する場合，まず何よりも大切なことは，その障害の状態や発達段階の実態をできるかぎり明らかにして，現在どのような発達上の課題を解決していかねばならないかを探ることだといえる。重複障害児童生徒の実態把握の方法に関しては，「第6章　1　重複障害者の実態把握」に詳述されているので，参照されたい。

　発達の著しく遅れた児童生徒の発達の全体像を明らかにすることは，それほど容易なことではないので，ある程度の実態が明らかになったら，それを手がかりにして指導の目標を立て，計画的に実践していくことになるが，日常的な指導は，実態把握の深化にはもってこいの時間でもあるので，指導が進むにつれて，初めの実態把握を修正するとともに，指導の方針も若干手直しする必要が出てくる。このような場合には，柔軟に指導の目標や内容に修正を加えていくことが大切である。とくに重複障害者に対しては，指導即実態把握，実態把握即指導という関係にあることを大切にしたいものである。

2）重点目標の設定

　児童生徒の実態把握に基づいて，現時点でどのような指導を行うのが望ましいか，どのような指導が最も効果的か等を勘案して，一人一人の指導の重点目標を設定することが大切である。

　この場合の重点目標は，長期的展望に立った目標と，短期的に達成したい目標の二つの側面から検討する必要があるが，短期目標は，数か月又は学期単位で，長期目標は，一年ないし数年単位で考えるのが適当であろう。

　こうした指導の重点目標は，担当する教師が一人で決めるのではなく，教師集団のケース会議等での検討が望まれる。また，場合によっては，保護者との話し合いによって，その子の指導の重点目標等についてコンセンサスを得ておくことも大切であろう。

3）重点目標等に基づく指導内容の選定

　短期及び長期の重点目標等に基づいて，それらの目標を達成するための指導内容を選定する。この場合，それらの指導内容が，どの教科や領域に位置づけられるものかも押さえておいた方がよいであろう。その一例を示してみたい。

===== 短期目標と指導内容の例 =====

　　ア　挨拶ができる。
　　　　おはよう，こんにちは，今晩は，さようなら（自立活動）
　　イ　日常的な会話ができる。
　　　　聞く態度，積極的な会話の姿勢，語意の拡大（国語）
　　ウ　物の大小が分かる。
　　　　大きいと小さい，長いと短い，浅いと深い（算数）
　　エ　5までの数の大小関係が分かる。
　　　　具体物の数の大小（算数）
　　オ　一人で小便の始末ができる。
　　　　トイレまでの往復，トイレの構造，衣服の始末（自立活動）

4）指導の枠組みの設定

　前述の指導内容の例で，挨拶は自立活動，日常的な会話は国語，物の大小は算数等と，それぞれの内容を教科や領域に位置づけたが，こうした位置づけをここでは「指導の枠組みの設定」といっている。

　この段階においては，どの類型の教育課程を用いるかも検討することになる。また，指導内容の多さ等との関連で，週当たりの配当時間数も検討しなければならない。

　週当たりの指導の枠組みの設定例を，次に示してみたい。

指導の枠組みの例（週当たりの教科・領域の配当時間）

教科・領域	国語	算数	理科	音楽	図工	体育	特活	道徳	自立活動
週当たり指導時数	3	2	1	3	2	3	1	1	14

5) 指導形態の検討

それぞれの指導内容が教科や領域の枠組に位置づけられたら，次に実際に指導する場合，教科や領域ごとに指導するのか，教科や領域を合わせて指導するのかを検討する。教科や領域を合わせて指導する場合，すべての教科や領域を合わせて，「生活単元学習」，「日常生活の学習」，「遊びの指導」，「作業学習」に再編成して指導することもできるが，一部は教科や領域ごとに指導し，他の一部を合わせて指導することもできるので，どのような形態を取るのが最も望ましいかを十分に検討することが大切である。

また，重複障害児の指導においては，一対一の指導体制を整えたり，数人をティーム・ティーチングしたりするが，これらについてもこの段階で検討しておく必要がある。

次に指導形態の例を示してみたい。

指導形態の例	（　）内の数字は週当たりの授業時数
朝のお支度	自立活動【身辺自立】(1)
朝の会	自立活動【意思の相互伝達】(1)
	音楽(1)，国語(1)，道徳(1)，特活(1)
音楽リズム	音楽(2)，体育(3)
	自立活動【基本的な身体運動】(1)
表現	自立活動【手指の巧緻性】(2)，図工(2)
個別指導	国語(2)，算数(2)，自立活動(3)
校外指導	自立活動【歩行，手による探索】(2)
	理科(1)
帰りのお支度	自立活動【身辺自立】(2)
帰りの会	自立活動【意思の相互伝達】(1)
給食指導	自立活動【食事指導】(2)

6) 1週間の指導時程の検討

指導形態が決まったら，それを1週間の指導の流れとして，どのように設定するかを検討する。この指導時程は，一人一人の児童ごとに決めるわけにいかないので，あるグループに最もふさわしいものとして設定する必要がある。

次頁に1週間の指導時程例を示したので，参考にしていただきたい。

1週間の指導時程例

	月	火	水	木	金
8:50―	登　校			朝の支度	
9:20―	朝　　の　　会				
9:50―	音　楽　リ　ズ　ム				
10:20―	表　現		校外指導	個別指導	
11:00―					
11:30―	個別指導			表　現	
12:00―	給　食			昼　休　み	
13:00―					
13:30―	帰りの支度			帰りの会	

7) 指導細案の検討

　以上 1)〜6) の段階を経ると，一応指導の体制は整うわけである。そこで次の段階では，いよいよ具体的な指導を行ううえでの方法を検討することになる。発達遅滞の著しい児童生徒の場合には，なかなか長期の指導の見通しをもつのが困難なので，少なくとも 1 か月程度の大まかな指導の見通しを立てて，そのうえで 1 週間にわたる指導細案を検討することが大切である。

8) 実践と評価

　評価には，教育実践活動がある一つの区切り目に当たる段階で行うものと，日々の実践を通してそのつど行うものとがある。いずれの評価も，教師の指導の実践活動を反省したり，児童生徒の実態把握の深化のために役立てたりすることを大切にしなければならない。

　以上，八つの項目に分けて，重複障害児に対する教育計画作成から実践に至る筋道を述べたが，これは模式的に示したものなので，現実には必ずしもこの通りにいかないものもある。また，この筋道は，1)から 8)がリンクを形作って繰り返されるものである。

（香川邦生）

3 「自立活動」を中心とした指導計画の作成と展開

(1) 心理的な安定を中心とした指導

1) 基本的な考え方

　重度の肢体不自由と知的発達の遅れを併せ有する重複障害児は，側わんや拘縮，脱臼等の二次的な障害を併発する者が多く，自己の健康の保持・改善が自立活動の指導での中心的な課題となる場合が多い。指導上の配慮事項として，個々の課題解決を急ぐあまり，子どもの気持ちをつい見落とし"いきなり"や"過度"な指導に陥らないよう気を付ける必要がある。とくに，教師の配慮や補助が多く必要な子どもであっても，主体的な活動を尊重した自立活動の指導であってほしいと考える。

　そのためには，個々の情動を揺さぶるいちばん身近な存在の教師が，子どもの発するどんな小さな声やかすかな動き，ちょっとした表情も，その子どもにとって意味あるものとしてとらえ，その意味を理解し，理解した意味をきちんとフィードバックして，子どもの意思や行動と結び付くような一連の手だて等を系統的・発展的に仕組み，積み重ねていくことが重要であると考える。

　ここに示す事例は，次の二つの視点から個別の指導計画を作成し，情緒の安定を中心とした自立活動の指導を行ったものである。一つは，実態把握により，種々の指導課題に起因する背景を見極め，指導の糸口を絞り込んでいく視点である。もう一つは，選定された指導内容を系統的・横断的に構成する視点である。

2) 児童の実態把握

　事例は，小学部1年生の男子である。難治性てんかん，運動発達遅滞，その他にも末梢神経障害や摂食障害，右股関節臼蓋骨形成不全という障害を併せ有している。這っての移動は可能で，玩具を舐める等して一人で遊び，呼びかけ

に振り向くが表情の硬さが目立つ。発作による学習能力の後退がみられ、体温調節が難しく、脱臼しやすい。口腔内機能に問題はないが経口摂取を拒絶するといった種々の困難をきたしている。そこで、医師・理学療法士（PT）・保育士・保護者からの情報に基づき、種々の困難をきたす背景を探る過程で、他者からの受け身的なかかわり方が多かったことや、そこから波及する「欲求の充足が図れない不快な経験」等の気持ちの蓄積が、他者からの介助や援助等を安定した情緒の中で直接受け入れられずにいることが浮き彫りになってきた。よって、実際の療育やPT訓練においての効果が思うように上がっていない状況であった。

3）目標の設定

このような実態を受けて、長期的目標を「自分のペースで考えたり行動したりしながら、人と触れあう楽しさに気付き、多くの人とのかかわりを受け入れる」とした。以下は、年間指導目標である。
・教師と色々な素材の教材・教具で触れあう遊びの楽しさを味わう。
・支援を受け入れることで「できる」喜びを味わう。
・活動ごとの教師の行動や表情に対して快の情動で応える。

4）指導内容の構成

次頁の上図は、事例について、実態と目標を踏まえて、必要な自立活動の内容の区分及び項目を選定し、それらを相互に関連づけたものである。

自立活動を中心とした指導が展開される重複障害児の場合、指導課題ごとの関連図を受けて、さらに関連図同士を系統的に構成していくことが大切である。

次頁の下図は、事例の関連図を基盤にして、その他の目標から選定された指導内容の部分（抜粋）を系統的、発展的に配列したものである。

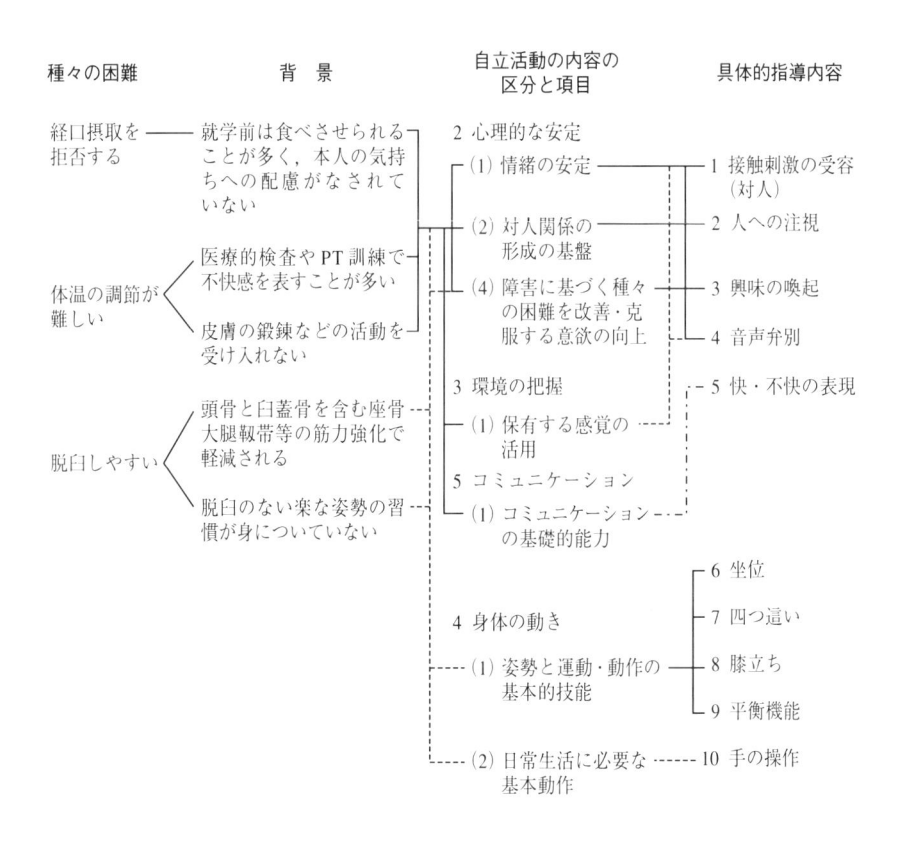

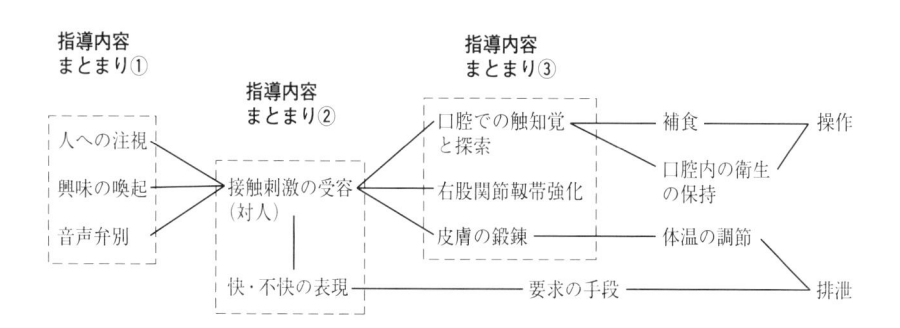

第6章 ❖ 重複障害児に対する指導計画と配慮

種々の困難	背景	自立活動の内容の区分と項目	具体的指導内容
経口摂取を拒否する	就学前は食べさせられることが多く，本人の気持ちへの配慮がなされていない	2 心理的な安定 (1) 情緒の安定	1 接触刺激の受容（対人）
	医療的検査やPT訓練で不快感を表すことが多い	(2) 対人関係の形成の基盤	2 人への注視
体温の調節が難しい	皮膚の鍛錬などの活動を受け入れない	(4) 障害に基づく種々の困難を改善・克服する意欲の向上	3 興味の喚起 4 音声弁別
	頭骨と臼蓋骨を含む座骨大腿靭帯等の筋力強化で軽減される	3 環境の把握 (1) 保有する感覚の活用	5 快・不快の表現
脱臼しやすい	脱臼のない楽な姿勢の習慣が身についていない	5 コミュニケーション (1) コミュニケーションの基礎的能力	
		4 身体の動き (1) 姿勢と運動・動作の基本的技能	6 坐位 7 四つ這い 8 膝立ち 9 平衡機能
		(2) 日常生活に必要な基本動作	10 手の操作

指導内容まとまり①
- 人への注視
- 興味の喚起
- 音声弁別

指導内容まとまり②
- 接触刺激の受容（対人）
- 快・不快の表現

指導内容まとまり③
- 口腔での触知覚と探索 → 補食 → 操作
- 右股関節靭帯強化 → 口腔内の衛生の保持
- 皮膚の鍛錬 → 体温の調節
- 要求の手段 → 排泄

5）具体的指導計画例

指導内容まとまり①から指導内容まとまり②（間接的なかかわり）への指導計画		
指導形態	自立活動の指導　　授業名	「感触あそび」（個別指導）
具体目標	大好きなシーツ遊びを発展させながら，遊びへの期待感とともに間接的な教師とのふれあいに安心感を抱かせる。	
学　習　活　動	学　習　の　状　況	
①シーツ探し ②シーツ越しのかくれんぼ ③「大波小波」の間接ボディタッチ ④シーツブランコ ⑤シーツでボールをキャッチ ⑥坂道ころころ	①では欲しいから「探す―見つける―喜ぶ」といった一連の活動を通して，隠し場所の近くでオーバーに示唆する教師の声や存在におもしろさを感じて近づいてきたり，微笑みを返したりできるようになってきた。 ②ではシーツの壁がなくなり，空間が広がった視線の先が必ず教師に向けられ，相互に笑いあう関係が深まった。 ③ではシーツ越しに身体各部位を触る教師の手を快の状態で受け入れるようになってきた。直接的な接触には若干不快な表情を浮かべる。 ④⑤ではさらにシーツごと抱っこしたり，シーツの揺れで体位変換したりすることも安定した情緒で取り組めるようになってきた。この時より，揺れの大きさや遊びの継続の要求を全身で表現するようになってきた。納得するまで何度も繰り返し遊んだ。 ⑥では三角クッションに敷いたシーツを引っ張り転がる遊びを楽しんだ。ここで，シーツを無くし，直接教師の手で本人を押す等しても笑顔で返してくれたので，**指導内容まとまり②から指導内容まとまり③**へと発展させることにした。	

指導内容まとまり②（直接的なかかわり）から指導内容まとまり③への指導計画				
指導形態	自立活動の指導		授業名	「感覚・運動遊び」（個別指導）
具体目標	抱っこ遊びを発展させながら直接的な教師とのふれあいに安心感を抱かせ，皮膚のマッサージや股関節周辺の靭帯強化体操等を安定した情緒の中でがんばる。			
学 習 活 動	学 習 の 状 況			
①いろいろ抱っこ ②くすぐり大会 ③げんき体操 ④のびのび運動 ⑤モグモグ体操	①②では「押さえつけられる」という誤学習をしないように，本人のペースや快不快の表情を視点におき，繰り返し遊び込んだ。振り落とされないように教師にしがみつこうとしたり，慣れると身を委ねるようにリラックスしたりできるようになってきた。 ③から⑤は**指導内容まとまり③へのアプローチ**である。 ③の皮膚のマッサージや温（冷）水浴等を通して，皮膚の知覚神経や血液循環等が活性化し発汗が促進され，低体温が改善されつつある。 ④の座骨大腿靭帯周辺の筋肉を使うサーキット運動とともに，あぐら坐位の習慣が身に付いてきたことで右股関節の脱臼はほとんどなくなってきた。 ⑤の色々な素材や形状の教材教具を使った口腔周辺への触覚刺激の経験を通して，過剰な反応も軽減し，教師の差し出すスプーンに自ら向かい食べることができるようになってきている。			

6）指導上の留意点

　本人が「何だろう」「やってみたい」等の意欲をより高め，進んで考えたり行動したりできるよう，知識や技能的な約束や制限を守らせるのではなく，いかにして気付かせる授業を段階的に仕組むかを優先した。また，教師の働きかけに対して，子どもが感覚をフルに活用し精一杯表現や行動ができるよう反応を十分に待つことに心がけた。

7）評価の観点

　毎時間の評価は，その日の体調カード（体温，排泄・食事の有無等）と本時ならびに前時までの学習記録で比較検証した。学期ごとの評価は，学習グループや医療関係者（小児科・神経科・歯科等の医師，理学療法士）と評価会を行い，個別の指導計画に最終的な評価を書き加えた。年度末，すべての評価がなされた個別の指導計画に「次年度の申し送り」を記述し教育資料へ綴じた。教育資料は，保護者への説明や新しい個別の指導計画作成に活用される。

〔古川勝也〕

(2) 視覚障害と知的障害のある重複障害児の指導

1) 視覚障害と知的障害のある重複障害児の理解

　視覚障害と知的障害が重複していることについて，われわれは基本的にどのような理解が必要であろうか。フライバーグ（1966）は，視覚に障害のない乳児は，生後4か月ごろから視覚的刺激を手がかりにして対象物へのリーチング（手を伸ばす行動）が見られるが，盲乳児が音のする物に手を伸ばすのは，生後10か月ころからであると報告している。つまりそれ以前では，盲乳幼児は，玩具を鳴らしたり母親が声をかけても，「その対象」がすぐそこにある（いる）ことを聴覚的手がかりと結び付けて理解することが困難なのである。まして，知的障害のある子どもであれば，さらに困難な時期は長くなる。つまり，重複障害児では，母親が声をかけるときに，「そこに母親がいる」ということを理解するのに生後1年半，あるいは2年という時間が必要になるかもしれない。

　このことは，初期の発達段階における視覚障害と知的障害が重複していることの影響と困難について，次のようなことを示唆する。

① 発達の初期の段階（乳幼児期）においては，視覚情報が制限されたなかで，外界とのかかわりにおける因果関係の理解が困難であり，知的障害があるためにその期間がさらに長く続くこと。

② 同様に，視覚情報の制限により，発達の初期の段階において，外界へ働きかける動機づけとなる魅力的刺激が少なく，知的障害のためにその時期が長く続くこと。

③ したがって，能動的な働きかけと環境との相互作用による自己学習の機会と経験において，量・質ともに制限が生じること。

④ これらが重なって，体験的理解に基づく認知的枠組みづくりに困難が生じること。

　このように，障害が重複していることによる困難さは，単にその足し算ではなく，複雑な様相と困難さを呈する。また，適切な学習の機会が十分に提供されない場合には，次のようなことが発達上懸念される。

① 子どもの外界へ向かう興味・関心・意欲に影響すること。

② 因果関係の理解が積み上げにくいことによって，場面や状況の見通しが立ちにくいこと。
③ また，そのことが新しい事物・事象や，積極的な他者とのかかわりを困難にすること。そして，生活場面での行動の拡がりを困難にすること。
④ そうした経験の長い積み重ねは，新しい事物・事象や他者に対して積極的にかかわることよりも，常同化・パターン化した生活や行動によって，安定化することを助長する懸念があること。
⑤ また，それによって二次的に重大な発達上の遅れを示す懸念があり，常同化・パターン化した行動が固定化・深刻化する可能性があること。

もちろんこれらの懸念は，重複障害児の発達の可能性を否定するものではない。われわれが一人一人に応じた学びの機会を提供することによって解決され，個々の能力を最大限に引き出し，発達を援助することができる。また，視覚障害と知的障害のある重複障害児の指導は，それぞれの障害の教育的アプローチを単純に取り出してきて適用するのではなく，障害が重複していることによる困難の独自性を理解してアプローチする必要があることに留意しなければならない。

2）自立活動を中心とした指導の考え方

重複障害児の指導では，多様な児童生徒の実態に応じて教育的支援を提供することができるように，柔軟に教育課程を編成することができる。学校の教育課程や指導方針をどのように構造化するのかに関する基本的視点は，以下のとおりである。
① すべての教育活動は，「その児童生徒」の豊かな成長と最大限の発達の可能性を引き出し，将来，主体的・自立的に生きようとする姿勢をはぐくむために，「その児童生徒」にとって最良の学びの環境を提供する手段として構造化する。
② したがって，児童生徒の実態に基づいて教育課程や指導方針が構造化されるため，あらかじめ具体的な枠組みは決まっていない。児童生徒に応じて柔軟に選び直すことができる教師の意識と学校のシステムが重要である。
③ また，障害が重複しているかどうかにかかわらず，「その児童生徒」の「発達と自立」に関するライフサイクルの見通しから，個々の教育課題が導

き出され，それに基づいて教育課程や指導方針が構造化されなければならない。
④ したがって，その見通しのなかで今「その児童生徒」の発達と自立を援助する最良の手段として，例えば教科を中心にした教育課程が選択される。
⑤ 視覚障害と知的障害のある重複障害児では，視覚の障害に応じた自立活動の指導，認知発達・言語発達などの知的障害の状態に応じた自立活動の指導，さらに障害が重複していることによる種々の困難に基づく自立活動の指導が，「発達と自立」を援助するために必要である。

　自立活動を中心とした指導を展開するかどうかは，具体的に一人一人の児童生徒を出発点として考えることが大切である。しかし，一般に視覚障害と知的障害のある重複障害児では，教科の枠組みから，児童生徒に応じた発達と自立を援助する指導領域やステップを導き出すことは難しい。

　例えば，音楽という科目を設定した授業が，重複障害児童生徒の場合には実際に教科学習としての内容に基づいて構成されているであろうか。実際には重複障害児童生徒の場合，音楽という素材を使った種々の活動を通して，対人関係の拡がりやコミュニケーションのスキルを育てること，あるいは，感覚の活用や状況理解の力を育てることなどが指導目標であることが多い。これは，自立活動の指導の各領域の視点が複合的に含まれた，集団の指導形態による「自立活動の指導」である。

　もちろん，音楽という名称にこだわる必要はまったくないが，その児童生徒の「発達と自立」という視点から，本当に教科としての「音楽」の指導が必要と考えたのか，それとも「音楽や身体を動かす活動を素材とした自立活動の集団指導」が必要であるのか，このことは必ず明確にし，学校全体で共通の認識がされていなくてはならない。同様に，「遊びの指導」，「日常生活の指導」といった領域・科目を併せた指導を設定した場合，具体的に「発達と自立」という視点から，何を育てることに目標を置いているかを明確にしなくてはならない。重複障害児の教育においては，この点を明確にしないかぎり，時間割編成上，あるいは教育課程上の教科や領域の指導時数，指導内容に関する議論はまったく意味をなさない。

　自立活動に示されている指導の観点は，児童生徒の発達と自立を全人的に促すための必要な視点を包括している。21世紀の重複障害児の教育は，ライフ

サイクルの見通しにおける「発達と自立」を軸に，一人一人のニーズに柔軟に対応する実践が求められる。

3）実態把握の進め方

ア　基本情報の収集

把握すべき基本的情報として，生育歴，医療情報（診断・治療歴等），相談・教育歴，地域・家庭生活状況などがある。とくに眼疾患や知的障害に関する診断，出生時の状況，合併症，治療経過，投薬などの医療情報は，最も基本的かつ重要な情報である。例えば，視覚障害や知的障害の原因が先天性であるのか出生時の脳障害によるのか，あるいは事故や外傷による後天的なものなのかということは，児童生徒の見え方を理解するために非常に重要な情報となる。

医療情報や相談・教育歴と医療歴では，医療機関や相談機関を利用した時期と機関名（担当者），利用頻度と期間，内容について整理する。例えば医療歴では，いつ頃どこの病院で検査や診断・治療を受けたり薬の処方をされたか，担当医はだれか，治療の頻度や期間はどれぐらいか，というようなことを把握する。これらの情報は，項目や内容ごとに時系列で整理して記録する。したがって，入学時に親や過去に子どもが利用していた機関から，これまでの情報を得るとともに，在籍中の経過については随時情報を収集し書き加えていく。

イ　視覚機能の評価

重複障害児では，眼疾患の医学的診断がなされていても，自覚的・他覚的検査の実施が困難なために，視力などの視機能の状態が十分に把握されていないことがある。とくに，重度の知的障害の児童生徒や低年齢の児童では，視力や視野が測定不能であることが少なくない。児童生徒の感覚機能レベルを知ることは，教育的支援の内容・方法を決定するうえで非常に基本的情報であるが，一方で重複障害児のそれを正確に評価することは，難しいのも事実である。重複障害児に適用可能な視力検査としては，Teller Acuity Card という，縞視標への選択的注視を観察する方法がある。また，検査手続きや検査環境を工夫することによって，多様な児童生徒の視機能評価を実施することができる（佐島，1994，1999）。

医療機関での診断・検査の結果だけでなく，学校においても行動観察や評価を行い，医療機関と協力して総合的に児童生徒の感覚機能の実態をとらえるシ

ステムを整えることが必要である。少なくとも，視力測定不能のまま実態把握をせずに，指導が続くことがないようにしたい。また重複障害児では，重篤な眼疾患への治療や経過観察に比べて，屈折異常の診断と適切な矯正眼鏡の処方は意外に見落とされていることがあり，注意が必要である。

ウ　現在の児童生徒の実態把握

具体的にどのような内容や領域から情報を集めるかは，児童生徒の年齢，障害の種類や程度によって異なる。**表6**に重複障害児の実態把握の領域・内容の例を示したが，これらは，「自立活動」の各柱の観点をすべて包括している。また，現在の児童生徒の実態を把握する際には，以下のような視点が重要である。

表6　重複障害児の実態把握の領域・内容の例

領域	把握する内容の例
健　康	呼吸や体温，生活リズム，発作の状況，口腔機能など
身辺自立	食事，衣服，衛生，排泄
視　覚	視力　視野　追視・スキャンニング等の視覚技能　視覚補助具の使用状況　医療情報や学校での評価を総合した見え方の状態　日常生活での視覚活用
姿勢・粗大運動	体幹バランスや全身の状態　移動能力　全身の分離協応動作など
微細運動	掌握機能のレベル，押す・引く・回す・抜くなどの手指技能
認　知	空間認知　視覚認知　触覚認知　概念形成
言　語	表出言語　理解言語　コミュニケーションスキル
対人関係	おとなや子どもへの意識　やりとり　集団参加　自己表現

① 小学部低学年の年齢段階では，認知や言語，運動などの発達領域から実態把握をする視点が重要となる。
② また，障害が重度・重複していても，年齢とともに社会生活や自立，職業，余暇，障害の自己認知といった将来の見通し，卒業後の生活を視野に入れた領域から実態把握をすることが必要である。すなわち基本的には，発達段階型（ボトムアップ）から目標指向型（トップダウン）へと，年齢とともに実態把握の領域はシフトしていく。
③ 実態把握は，視覚障害との関連を常に視野に入れる必要がある。
④ 発達や学習，生活に関する実態把握では，何ができるか，どこまで理解しているかを具体的に記述する。

⑤　発達段階型から目標指向型へと実態把握の領域がシフトするということは，すなわち，ライフサイクルの見通しの中で，今この時期に何をはぐくみたいかという視点から，実態把握をするということである。したがって，実態把握の結果は，そのまま具体的な指導の内容に結び付く。

　こうした実態把握の視点や内容，具体的な方法は学校全体で話し合い，全員が共通の認識をもっていることが前提である。

エ　諸検査の活用

　児童生徒の認知・言語発達の状態を把握する手段として，知能検査や発達検査などの諸検査の活用が重要である。しかし，視覚を活用する検査課題を視覚障害児に実施する場合，認知機能のほかに視機能の状態が結果に影響を与える。例えば，WISC-Ⅲの動作性検査の結果は，純粋に視覚的記憶力や思考の柔軟性，関係把握の予測性に関する知的能力を反映するわけではない。一方で，WPPSI，WISC-Ⅲ，WAIS-Rの言語性検査は，視覚障害児の知的能力を把握するために有用である。この点を踏まえて，留意して活用することが大切である。(佐島，1998)。

　視覚障害と知的障害のある重複障害児で，比較的障害の重い児童生徒の発達を評価するために有効な検査として，「広D-K式視覚障害児用発達検査」がある (五十嵐，1993)。定期的に実施することによって，客観的に児童生徒の変化を確かめることができ，プロフィール分析から発達の全体像を読み取ることができる。留意する点は，知的障害が重度で，暦年齢が高い生徒への適用の判断である。例えば，階段を交互に足を出して昇ることが困難な高等部生徒の移動能力は，2歳前の発達レベルという結果になるが，それはあまり重要な情報をもたらさない。むしろ，階段を昇るときに，手で触覚的に手すりを確認するかどうか，どんな方法でもよいから一人で昇ることができるかどうか，昇れないときに，人に援助を求めることができるかについての情報の方が，社会生活を目前に控えた高等部生徒の実態把握として重要である。

4）実態把握の総合所見と指導目標の設定

　児童生徒の示す行動の背景には，様々な要因が影響している。総合所見では，現在できることや得意なこと，あるいは苦手なこと，発達の全体のバランスについてまとめ，それらと障害の状態や治療歴，これまでの学校での学習経験，

家庭や地域の状況などの背景との関連性を分析し，総合して児童生徒の発達像を考察する。実態把握は，児童生徒に関する情報を収集することが目的ではない。収集した情報から「自分は児童生徒の今の発達像をこれまでの経過との関連から，どのようにとらえ理解したか」をまとめることに目的がある。

また，総合所見を受けて，児童生徒の教育課題を整理し，年間の指導目標を立てる。年間の目標は，担任だけでなく保護者自身の目標も立ててもらう。すなわち，教師と保護者が今の児童生徒の育ちを確認し，これからの1年間どのように育ってほしいかについて共に考えるのである。教師と保護者は，児童生徒の発達と自立を共に考え，支え合うパートナーであるという認識が大切である。また，可能であれば，本人自身の目標も立て，これらを個別の指導計画に盛りこむことも大切である。

5) 個別の指導計画の作成と記録・評価

ア 個別の指導計画のフォーマットと指導方針（指導内容）の設定

個別の指導計画の作成例を図7（192〜193頁）に示した。これまで述べた，実態把握の情報や総合所見，設定した教育課題と指導目標は，この書式の中に簡略化して記述する。具体的な書式は学校全体で検討し，児童生徒に合わせて工夫をする。

また，日常生活習慣，粗大運動，微細運動などの領域ごとに，具体的な指導方針を立てる。すなわち，指導内容の設定である。重要なことは，個別指導の中で何をどこまで伸ばすのか，集団場面でどのような点を育てたいのかを，明確にすることである。なお，実態把握と指導方針の領域をどのように構成するかは，児童生徒の年齢や発達の状態によって多少違ってくる。

イ 個別の指導計画作成の目的と利用

書式化された個別の指導計画は，基本的には年度当初に作成する。教師は個別の指導計画の作成をとおして，以下のことを確認する材料として利用する。

① この一年の児童生徒の成長を確認し，発達像をとらえ直す。
② 児童生徒の発達に応じた新たな指導方針を整理する。
③ 書式化した資料をもとにケースミーティングを開き，発達像のとらえ方や指導の方針が実際の児童生徒の教育的ニーズとずれがないか確認し，アドバイスをもらう機会とする。

図7　個別教育支援プログラム

20○○年5月○日　担当：佐島　作成　　　　ケース会議　　年　月　日
　　　　　　　　　　　　　　　　　　　　　保護者への説明　年　月　日

氏　　名	○○　○○（男）　　生年月日　　199○年○月○日（CA：7：2）
診断名・合併症	水頭症　皮質性視覚障害（水頭症後遺症）視神経萎縮　外斜視 遠視性乱視　知的障害
医療的対応	9○．4．シャント術　9○．11．斜視手術　99．○．眼鏡処方　投薬なし
家庭・地域状況	母親の自家用車で通学
保護者の希望	友達同士のかかわりを広げたい。目-手の協応と手の操作性向上。 ADLのスキルアップ。
本人の希望	いっぱい遊びたい。
他機関利用状況	A眼科(1/6 M)　B病院小児神経科(1/4 M) 地域障害児学童クラブ(1/W)
視機能検査	視野：視野障害有り(測定不能)。視力：右0.1(0.15)，左0.2(0.25) 全体に狭く，下方と右方がとくに狭い。 処方眼鏡：R；S＋4.0 cyl-2.5 A 165　L；S＋3.0 cyl-2.5 A 180
発達・知能検査	CA：6：11時(広 D-K 式)：全身運動(2：8)　手指運動(2：7) 　　移動(2：6)　表現(2：6)　理解(3：0)　活動(2：7)　食事(2：9) 　　衣服(2：8)　衛生(2：4)　排泄(2：10)

現症（現在の実態）		
ADL	健康	生活リズム安定。起床7：10　就寝21：30　特記事項なし。
	食事	偏食なし。自食・片づけ意識＋。視野から外れた皿の中のものに気づかないことがある。
	排泄	小便は一人でできる。衣服の上げ下げは手伝うとできる。
	着脱	脱衣は介助なしで可。着衣はボタン・スナップを介助で可。身だしなみへの意識が芽生えている。
運動	粗大	走るが新しい場面では慎重な動きで足探りあり。下肢をやや外転させ，左右にバランスをとり歩く。
	微細	回内・外と左右分離協応はぎこちないが，操作性に影響なし。
感覚・認知		①視覚活用：頭部を動かしたスキャニング可。下方と右方向は見落とすことが多い。基本図形の視覚的にマッチング可。色や形の異なっている同一物の絵カードの判断は困難。初めて見るコップなどは，形態の判断が難しいこともあるが，色や状況から想像したものを答える。動作の視覚的模倣は困難。 ②操作：ハサミ・ひも通し・蓋あけ＋。基本図形は立体・平面ともパズルで方向を合わせ入れる。 ③弁別・概念：大小・長短・方向の概念＋。実際の活動では視覚と触覚を併用。 ④探索・歩行：既知の屋内歩行は良好。屋外は人や動く物・任意の場所の物の発見は困難だが，言語的に説明すると5m以内であれば発見する。屋内・屋外とも未知の場所は慎重に人の存在を確認して移動。

3 「自立活動」を中心とした指導計画の作成と展開

対人	対大人	知っている人と確認できるとうれしそうな表情をする。家庭では言語による自発の働きかけが活発。
	対児	よく知っている子どもには自分から働きかける。他児のかかわりの受け入れもスムーズ。
集団		集団での着席や傾聴＋。活動への参加は慎重だが，見通しをもって行動する。日常的に決められた当番や活動の中での役割を理解しており，自分からやりたいと表現をすることがある。
言葉	機能	聴覚：問題なし　口腔機能：問題なし
	表出	生活場面での表出言語の量は多くないが，家庭では「～してね～した」と二文の表現をする。
	理解	視覚的に経験の少ない動作語を除いて，日常の言語理解良好。

発達像のまとめと教育課題の整理

　視力は 0.25 だが視野障害があり，形態の識別・発見，数メートル離れた状況の把握に非常に困難が大きい。とくに新しい人・物・活動や屋外活動では慎重で活動の様子が急に変わる。慣れた生活場面での行動とのギャップが大きいため，人や活動への積極性の弱さととらえられがちであるが，未知の場面を予測・観察して問題解決する能力として評価したい。発達検査の結果以上の力をもっているが，種々の経験の不足の影響が大きい。

　視覚活用に関する全般的経験の拡大とスキルを育てる。感覚を活用した実体験に基づく知識や言語概念，生活経験の拡大を図ることを課題とし，その経験をベースに他者への積極的かかわりや新しい状況の受け入れと，探索意欲の向上，活動の文脈に沿った伝達意図を伴った言語の使用をねらいとする。

指導方針（指導目標）	◎：重点課題　集：集団活動　個：個別指導　家：家庭
ADL	集：ボタンのスキル獲得。トイレで自分で拭く。皿の上の食べ物が残らないように見つける。配膳をする。
運動・歩行	個・集：全身の分離・協応動作の向上。ダイナミックな動きの経験の拡大。校内探索歩行による生活範囲の拡大。歩行中の環境把握と方向の理解能力の向上。屋外で出会った人への挨拶を身に付ける。
感覚・認知	個：◎視覚活用の基礎スキル向上と実物操作・模写による形態や空間構成の認識を育てる。身近な物の多面的観察に基づく属性への気付きを育てる。自分の見やすい方略の発見を促す。 集：生活場面での視覚経験の拡大と積極的に視覚活用をする意欲を育てる。
対人	集：自分から積極的にやりたい役割を選び，それを人に伝える。
言葉	個：◎物，行動，状況に関する言葉の概念を，具体的経験に基づいて豊富にする。 集：◎楽しい活動の中で自分の気持ちを言葉で表現する。生活の状況に応じた言葉の使い方を体験的に学ぶ。 家：豊富な生活経験の中で，物の名称や状況を表現する力を育てる。
家族・地域支援	1時半帰りの時の放課後の過ごし方について地域リソースを探す。余暇についての相談。
校内協力	検査担当者は年内に WPPSI を実施する。自立活動担当者から個別指導のスーパーヴァイスを受ける。
他機関協力	視野測定を眼科と協力して行い，年度内には4方向の範囲を把握する。

④　保護者とともに児童生徒の成長を確認し，これからの１年の成長を想像し，指導の方針について共通理解を深めるための，資料として活用する。

　資料の作成は，複数担任であっても一人がコーディネートのキーパーソンとなり，責任をもって作成する。ただし，すべての内容を一人で作成するのではなく，医療関係の情報については養護教諭に協力を求めるなどする。また，ケースミーティングは，児童生徒にかかわっている教師のほかに，違った視点からアドバイスのもらえる人を必ず加えるようにする。例えば，小学部の児童のケースミーティングに高等部の教師が参加することにより，視覚障害と知的障害のある者の卒業後の生活や自立という長期的な視点から，今必要なアプローチや課題について貴重な示唆が得られるかもしれない。例えば，通常の学級の担任を長年経験した教師からは，児童生徒や家族の地域生活や，地域の障害のない児童生徒とのつながりについて意見をもらうことができるかもしれない。

　ウ　記録と評価

　実態把握から個別の指導計画作成，そして評価までのプロセスは，実は毎日の指導を凝縮したものである。日々の指導の中で求められることは，今日，児童生徒の成長や困難であった事柄の状況を分析し，明日の指導を科学性と仮説をもって計画し実践することにある。例えば，援助がなくても，一人で自分の下駄箱の目印を視覚を活用して発見し，靴をしまうことのできた児童生徒の成長をとらえ，明日はさらに，靴の向きを視覚で確認してしまうことを計画し，学びの機会を準備することである。視覚障害と知的障害のある重複障害児童生徒のわずかな成長を見逃さず，毎日の児童生徒の行動を客観的に記録することが基本であり，その記録のエッセンスをまとめたものが個別の指導計画である。

　また，日々の記録は，実態把握であると同時に評価でもある。先週に比べて今日はどこまで到達したかを，客観的に記述することが評価である。書式化された個別の指導計画では，発達や学習に関する実態把握が，前年の指導に対する評価となる。

　重要なことは，「視覚を活用して靴をしまう」という一つのことについて，発達的見通しと具体的ステップを明確にもっていることである。それが明確にあれば，日々の成長を細かく確認することができ，過去から現在，未来へと一貫性のある指導を展開することができる。すべての領域・内容について，発達と自立の視点から見通しをもつことが最も重要なことである。　　　（佐島　毅）

◆参考文献

文部省:『盲学校，聾学校及び養護学校幼稚部教育要領』，大蔵省印刷局，1999年
文部省:『盲学校，聾学校及び養護学校小学部・中学部学習指導要領』，大蔵省印刷局，1999年
文部省:『盲学校，聾学校及び養護学校高等部学習指導要領』，大蔵省印刷局，1999年
文部省:『盲学校，聾学校及び養護学校学習指導要領解説　総則等編』，海文堂出版，2000年
Fraiberg, S.: Insight from the Blind. New York, Bacic Books, 1977年
五十嵐信敬:『視覚障害幼児の発達と指導』，コレール社，1993年
大川原潔・香川邦生・瀬尾政雄・鈴木篤・千田耕基編:『視力の弱い子どもの理解と支援』，教育出版，1999年
佐島毅:「教育現場における重複障害児の視力評価」，『視覚障害教育実践研究』8巻，1994年
佐島毅:「重複障害児の視機能の捉え方―視力検査の方法―」，『弱視教育』35巻4号，1999年
佐島毅・梅永雄二:「就労をめざして相談に訪れた視覚障害をもつ青年」，小林重雄他編『日本版 WAIS-R の理論と臨床』，日本文化科学社，1998年
細村迪夫・山下皓三:『知覚学習活動ハンドブック』，コレール社，1996年
五十嵐信敬:『目の不自由な子の感覚教育百科』，コレール社，1994年
重度・重複障害児指導研究会編:「課題学習の指導」，『講座　重度・重複障害児の指導技術　第5巻』，岩崎学術出版社，1979年
香川邦生編著:『改訂版　視覚障害教育に携わる方のために』，慶應義塾大学出版会，2000年
神尾裕治:『重複障害児教育』，三一書房，1979年
水口浚:『障害児教育の基礎』，ジエコム出版，1995年
文部省:『重複障害教育の手引き―盲聾児・盲精薄児・聾精薄児―』，東洋館出版社，1970年
佐島毅:「知的障害を伴うロービジョン」『月刊眼科診療プラクティス』3巻8号，2000年
手の使い方指導研究会編:『障害児のための新・手の使い方の指導―自作教材・教具を中心に―』，かもがわ出版，1999年
宇佐川浩:『障害児の発達臨床とその課題―感覚と運動の高次化の視点から―』，学苑社，1998年

第7章 幼稚部における指導計画作成と配慮

Chapter 7

1　幼稚部における教育課程の特色

(1)　幼稚部における教育の基本

　幼稚部における教育は，幼児期の特性を踏まえ，環境をとおして行うことを基本としている。このためには，教師が幼児との信頼関係を十分に築き，幼児とともによりよい教育環境を創り出すようにすることが大切である。

1) 幼児期の特性

　幼稚部においては，幼児期の生活や幼児の発達の特性を十分に理解して，幼児の実態に即応した教育を行うことが大切である。
　幼児期の発達の特性のうち，主なものを挙げると次のとおりである。
① 　身体の発育や運動機能の発達が著しい。
② 　自分の力で様々な活動に取り組みたいという意識が次第に強くなる一方で，信頼できる保護者や教師などのおとなに依存していたいという気持ちもまだ残っている。
③ 　生活の中で経験したことを手がかりとして，自分なりのイメージを形成し

④ 信頼や憧れをもって見ている周囲の対象の言動や態度などを模倣したり，自分の行動にそのまま取り入れたりすることが多い。
⑤ 環境と能動的にかかわることを通して基本的な概念を形成し，内面的な心の動きと外面的な表情との区別などが理解できるようになる。
⑥ 他者とかかわり合う中で，様々な葛藤やつまずきなどを体験することをとおして，よいことと悪いことの区別ができるようになるなど，道徳性が芽生えていく。

2) 環境を通して行う教育

人間の生活や発達は，環境との相互作用によって行われている。とくに，幼児期は，心身の発達が著しく，幼児の生活の場や他者との関係，興味や関心などが広がっていくため，環境からの影響を受けやすい。そこで，幼稚部における教育は，環境を通して行うことが基本となる。

このような環境を通して行う教育によって，幼児は，様々な事物・事象についての理解を深め，また，それらとのかかわり方などを身に付けていく。したがって，幼児の望ましい発達を促すためには，幼児が自分から興味をもって，遊具や用具，素材などとかかわることができる豊かな環境を創意工夫することが大切である。また，教師自身も幼児にとって重要な環境の一部であり，教師が幼児とかかわることによって，幼児の環境とのかかわりが深められ，活動内容も広がっていくことに留意する必要がある。

3) 幼稚部における教育の基本に関連して重視する事項

幼稚部における教育の基本に関連して，とくに重視しなければならないことは，次の三点である。その際には，教師が幼児一人一人の行動の理解と予想に基づき，計画的に環境を構成することが大切である。また，教師が幼児の活動の場面に応じて様々な役割を果たし，幼児の活動を豊かにする必要がある。

ア 幼児期にふさわしい生活の展開

幼児は安定した情緒の下で自己を十分に発揮することによって，発達に必要な体験を積み重ねていく。したがって，幼稚部においては，教師との信頼関係に支えられ，友達と十分にかかわり合うなかで，幼児の興味や関心に基づいた

主体的な活動を促し，幼児期にふさわしい生活が展開されるようにする必要がある。

　イ　遊びをとおしての総合的な指導

　幼児期の生活は，遊びがほとんどである。幼児の自発的な活動としての遊びは，心身の調和のとれた発達の基礎を培う重要な学習である。したがって，幼稚部における教育は，遊びをとおしての指導が中心となる。遊びの中で幼児は心身全体を働かせて活動することによって，言語や運動などの諸能力を個別にではなく，相互に関連させながら，総合的に発達させていくのである。

　ウ　一人一人の発達の特性に応じた指導

　幼児の発達や生活経験は，それぞれ異なっている。したがって，幼児一人一人の見方，考え方，感じ方，かかわり方などの特性や課題を理解し，それに応じた指導を行うことが大切である。その際，障害のある幼児の発達や生活経験が，障害の種類や程度と深くかかわっていることに十分留意する必要がある。

4) 計画的な環境の構成

　幼稚部における教育のねらいが達成されるためには，教育的に価値のある環境を計画的に構成していく必要がある。環境の構成に当たっては，幼児の発達や障害の状態，環境の受けとめ方やかかわり方，興味や関心，一日の生活の過ごし方などを理解し，幼児に必要な経験を考えることが大切である。しかし，幼児の活動は変化し，発展していくので，それに応じて環境を再構成し，幼児が活動の中で十分に遊び，充実感を味わうことができるようにすることが重要である。

5) 教師の役割

　幼稚部における教育において，教師は，様々な役割を担っている。具体的には，幼児の発達を見通し，具体的なねらいや内容を設定すること，幼児の発達に必要な環境を構成すること，幼児の発達や障害の状態を理解すること，幼児の活動の意味をとらえ，共に活動し，援助していくこと，幼児の憧れを形成するモデルとなること，保護者に対して精神的な援助や養育上の支援を行うことなどである。

(2) 教育の目標

　幼稚部における教育の目標は，次の二つである。
① 　幼稚園教育要領第 1 章の 2 に掲げる幼稚園教育の目標
② 　障害に基づく種々の困難を改善・克服するために必要な態度や習慣などを育て，心身の調和的発達の基盤を培うようにすること。

　①は，幼稚部において，幼稚園に準じた教育を行うための目標である，幼稚部では，幼稚園教育要領第 1 章の 2 に掲げる次の五つの幼稚園教育の目標を達成するよう努める必要がある。

　○　健康，安全で幸福な生活のための基本的な生活習慣・態度を育て，健全な心身の基礎を培うようにすること。
　○　人への愛情や信頼感を育て，自立と協同の態度及び道徳性の芽生えを培うようにすること。
　○　自然などの身近な事象への興味や関心を育て，それらに対する豊かな心情や思考力の芽生えを培うようにすること。
　○　日常生活の中で言葉への興味や関心を育て，喜んで話したり聞いたりする態度や言葉に対する感覚を養うようにすること。
　○　多様な体験を通じて豊かな感性を育て，創造性を豊かにするようにすること。

　②は，児童生徒の障害の状態に応じた教育を行うための幼稚部独自の目標である。
　幼稚部においては，家庭との連携を図りながら，幼児の障害の状態や発達の程度を踏まえて，生きる力の基礎を育成するために，これらの目標の達成に向けた教育が行われることになる。

(3) 各領域のねらい及び内容

　幼稚部教育要領に示されている各領域の「ねらい」は，幼稚部における教育全体をとおして幼児に育つことが期待される心情，意欲，態度などである。また，「内容」は，ねらいを達成するために教師が指導し，幼児が身に付けてい

くことが期待される事項である。そして，これらのねらい及び内容を幼児の発達の側面から，心身の健康に関する領域「健康」，人とのかかわりに関する領域「人間関係」，身近な環境とのかかわりに関する領域「環境」，言葉の獲得に関する領域「言葉」，感性と表現に関する領域「表現」の五つの領域とし，また，幼児の障害に対応する側面から，障害に基づく種々の困難の改善・克服に関する領域「自立活動」として示している。

しかし，幼児の発達や障害に基づく種々の困難の改善・克服の過程は，複雑で様々な側面が相互に影響し合っている。したがって，各領域に示されている「ねらい」は幼稚部における生活の全体を通じ，幼児が多様な体験を積み重ねていくなかで次第に達成に向かうものであり，「内容」は幼児が環境とのかかわりのなかで具体的に展開する活動をとおして総合的に指導されるものであることに留意する必要がある。

ただし，自立活動については，個々の幼児の障害の状態や発達の程度等に応じて，他の5領域に示す内容との緊密な関連を図りながら，総合的な指導とともに，自立活動の内容に重点を置いて指導を行うことにも配慮して，幼児の調和のとれた発達を促すようにすることが大切である。

(4) 教育課程編成上の配慮

各学校は，幼児の充実した生活を展開していくために，幼稚部における教育期間全体にわたってどのような教育を進めていくかを明らかにした全体計画である教育課程を編成する必要がある。

教育課程の編成に当たっては，幼児のそれぞれの発達の時期における教育内容や指導方法，幼児の障害の状態や発達の程度，あるいは生活について十分に理解することが大切である。とくに，幼児期の発達の特性を踏まえ，入学から幼稚部修了までの生活や幼児一人一人の発達を見通して，きめ細かな対応ができるようにすることが重要である。また，具体的に教育課程の編成を進めていく過程では，次のような点に配慮する必要がある。

① 教育課程の編成に必要な関係法令や幼稚部教育要領の内容，学校の教育目標，社会の要請や保護者の願いなどについての共通理解を図る。
② 一人一人の幼児の実態を把握する。

③　幼児の実態把握に基づいて，今後の発達の過程を見通す。
④　具体的なねらいと内容を設定する。
⑤　小学部における教育との連携を図る。
⑥　関係機関との連携を図る。
⑦　教育課程を実施した結果を反省，評価し，次の編成に生かす。（鈴木　篤）

2　幼稚部における「自立活動」の指導

(1)　領域の性格と目標・内容

　幼稚部教育要領における「自立活動」は，盲・聾・養護学校で教育を受ける幼児に必要とされる特別の領域であり，「個々の幼児が自立を目指し，障害に基づく種々の困難を主体的に改善・克服するために必要な知識，技能，態度及び，習慣を養い，もって心身の調和的発達の基盤を培う」というねらいを達成するために設けられたものである。とくに幼児段階からこうした取り組みに力を注ぐことは，心身の障害による活動の制約をできるだけ早期から解消して，よりよい発達を導こうとするためである。
　これに対して「健康」「人間関係」「環境」「言葉」「表現」の5領域は，幼稚園教育要領と共通の領域であって，これらは，幼児の人間としての発達の促進という観点から示されており，幼児の発達全体を，その側面によって分類したものである。そのためこの5領域は，障害によって阻害される発達の側面を課題にした「自立活動」とは性格を異にしている。したがって，5領域のそれぞれの内容と類似し，重複する部分も「自立行動」の内容に含まれるのである。さらに「自立活動」では，0歳からのより初期的，基礎的な発達課題を障害に対応した専門性を生かして丁寧に指導したり，発達の不均衡な側面に着目した取り組みがなされたりすることも想定して，内容が構成されている。
　「自立活動」の指導については，幼児の遊びや日常生活の自然な流れの中で必要とされる態度や習慣を育てる方法と，「自立活動」の内容に重点を置き，幼

児の必要に応じて知識や技能を身に付けさせる方法とがある。

　幼稚部の教育においては、後者の「自立活動」に重点をおいた指導をするに当たっても、他の領域にかかわる側面が育つ点を十分把握しなければならない。

　幼稚部の「自立活動」のねらいは前に記したが、これは幼児の自立を促すために、それぞれの能力に応じて、幼稚部の生活や遊びをとおして、障害に起因する困難やつまずきを主体的に軽減したり、解消しようとして努力する態度や習慣などを養い、かつ、心身の発達全体の遅れを改善したり、調和を欠きがちな発達の側面を改善したりして、幼児の全体的な発達の基盤を培うものである。

　幼稚部教育要領では、他の領域と同様に、「自立活動」においてもそのねらいは、一人一人の幼児の到達度を示したものでなく、方向性を示したものである。このねらいの達成のために、幼児に育つことが期待される事項をまとめたものが内容であるが、それは「健康の保持」、「心理的な安定」、「環境の把握」、「身体の動き」、「コミュニケーション」の5つの区分でまとめられている。これらは、先の章で解説されているとおりであり、幼稚部、小学部、中学部及び高等部の内容と同一に示されている。これは、障害の状態の改善・克服のために幼稚部から高等部まで一貫した教育による指導の充実を図る目的のためである。

(2) 指導計画の作成と指導における配慮

　幼稚部における「自立活動」の指導には、幼児期における教育の基本が環境をとおして行うものであることを踏まえ、この領域を中心にした指導を行うに当たっても、次の事項を重視した取り組みにする必要がある。
① 幼児期にふさわしい生活の中での展開
② 幼児の主体性の重視
③ 一人一人の幼児の障害の状態や発達の程度に応じた指導

　特殊教育諸学校の幼稚部に在籍する幼児の障害やその程度、発達の様子は一人一人個人差が著しい。「自立活動」は、こうした幼児の個々の実態に基づいた具体的な指導を行うものであり、その充実には、個別の指導計画が必要となろう。こうした指導計画を、最も効果の上がるものとして作成するには、次のような配慮が大切である。

1) 実態の把握に努める

　幼児の実態把握は，すべての教育の前提となるものであるが，一人一人の幼児の発達の実状や障害の状態をとらえるには，まず，実際に幼児が行動する場面や活動する姿から読み取ることが大切である。しかし，いくら努力しても，幼児を受けとめた当初に，すべての面が正しく把握できるものではない。指導を開始する中で，幼児とじっくり付き合ったり，家庭とのより強い連携を図ったりすることによって，さらに新しい発見もあり，より確実な情報が得られていくものである。こうした取り組みをとおして，実態把握が深化した場合には，随時，指導計画に修正を加えていけばよいのである。

　一方，客観的な発達把握を行う手段としては，幾種かの発達検査やそれぞれの障害に基づいたチェックリストの利用がある。一般用の検査としては，津守式乳幼児精神発達質問紙，日本版デンバー式発達スクリーニング検査，遠城寺式乳幼児分析的発達検査法などがあり，必要に応じて行うことも有効である。

　しかし，往々にして，こうした検査の診断や分析の結果が数値として表されるので，幼児の発達のすべてが判明できたような錯覚に陥りやすいが，あくまでも情報の一部として扱うべきである。

2) 家庭との連携・協力体制をつくる

　幼児の指導に当たっては，家庭との情報交換を密にし，力を合わせていかねばならないことはいうまでもない。障害のある幼児の場合はとくに，出生以後の生育や発達の状況，医療的措置と経過，障害にかかわる医学的配慮事項などの情報を保護者から必ず提供してもらわねばならない。また，例えば，スプーンの持ち方や使用法などを，学校と家庭で意思統一して上達を図るなど，指導方針や方法への協力体制も必要である。そのためには，教師は，幼児を大切に思う気持ちを中心において保護者との信頼関係を築き，心のつながりのある連携を図っていくことが重要である。

　「自立活動」の指導は，幼稚部担当の教師だけではなく，学校における「自立活動」専門の教師がかかわったり，指導したりする場合も考えられる。そうした場合に，家庭との連絡が一方的になったり，家庭に過度の負担を与えたりすることが起きやすくなる。家庭との連携による必要な情報は，指導に当たるす

べての教師に伝達され，個別の指導計画の作成や実際の指導に生かされていかねばならない。

3) 幼児の心理的ケアを大切にする

障害のある幼児の場合には，周りの人や物などの環境に，積極的にかかわろうとする意欲が乏しい，あるいはそれらに過敏に反応して気持ちの安定を維持しにくい，などの心理的な課題を抱える事例が多い。

障害幼児の心の発達や行動の発達には，保護者の精神的状態や育児態度が大きく影響する。保護者の障害の受容が不十分であったり，子育てや子どもの将来についての不安・動揺する気持ちがあったりすると，子どもの心をも不安定にしてしまいがちである。また，保護者の極端な過保護から，自立の意欲を育てられなかったりすることもあり，幼児の発達を阻害する要因となる。

また，障害のある幼児の多くは，早期から医療との関係が深く，身体的苦痛を伴う検査や治療，長期にわたる通院や療養生活，機能訓練などの試練を余儀なくされている場合も少なくない。こうした幼児たちには，人への極端な警戒心をもち，人間関係をうまく結べなかったりすることもある。

このような要因には，子ども自身のもつ精神的な力の弱さなど，他の因子もあろうが，障害のある幼児の指導に当たっては，とくに幼児の心理状況を理解し，気持ちを大切にして，心を育てながらの取り組みをしていかねばならない。そして同時に保護者と幼児の相互関係にも目を向け，保護者に対する精神的援助，育児支援をも視野に入れた配慮が必要である。

4) 指導計画は柔軟性のあるものにする

「自立活動」のねらいを実現するために，幼児の必要とする習慣を養い，経験が積み重ねられるようにするには，意図的で計画的な指導が必要である。しかし，教師のねらいの達成への願いや思いが強過ぎると，教師の一方的指導になりやすい。幼児が楽しさや満足感を得ながら，本当の生きる力を養うには，「何をさせようか」でなく，「どのようなことをしたがっているのか」をとらえなければならない。また，幼児の生活や遊びの中で興味を引き出し，自らやってみたいと思う状況をつくりだして，幼児が主体的にかかわれるようにすることに努めなければならない。教師や友達などの人的環境，遊具や教材などの物

的環境，さらに雰囲気等から，幼児の意欲をかき立てるような場をつくり，幼児と呼吸を合わせ，必要な援助をして，幼児が生き生きと活動できることが求められるのである。

　こうした活動を展開するための指導計画は，幼児の状態に応じて，臨機応変に環境等を変えていけるものでなくてはならない。幼児の場合には，教師の予測とは違って，幼児のその日の状況から，活動内容等を変更しなければならないことがたびたび起こるものである。

　最後に，「自立活動」の指導は，他のいくつもの領域の発達の側面が絡み合っているものであり，それぞれの視点を押さえて，総合的な指導としてとらえることも忘れてはならない。

　また，活動の評価に当たっても，技術や知識などの習得のように，目に見える部分や数値で表せる部分に偏ることなく，主体的に活動にかかわる意欲が育っているか，人とのかかわりが発展しているか，学ぶことの楽しさや成就感を味わえるようになったかなど，幼児教育が目指している心情，意欲，態度などの幼児の内的な発達を重視した評価をしていくことが大切である。

(3) 具体的指導計画の例

　幼稚部では，年間・学期・週・日それぞれの全体的な保育計画や，例えば，砂場遊びなど一つ一つの活動に対する指導計画が作成される。ここでは，盲学校幼稚部における個別の指導計画の例を掲載して，一人一人の全人的発達のとらえ方を表すことにする。

　この表（次頁）には，必要とする項目の記入欄が少ないが，幼稚部の特性から，○△×のような記号ではなく，実際の幼児の様子を記述で表すことが求められるので，現場ではスペースの余裕をもたせたいものである。　　**（猪平真理）**

第 7 章 ❖ 幼稚部における指導計画作成と配慮

個別の指導計画 （例）

○年度 １学期　　　　　　　　　　　　　　　　　　　　　　　　　　　　　盲学校幼稚部

担任名

〈氏名〉 ○ ○ A 子　年　月　日生（4）歳	〈視力〉右眼 0 （ ）　左眼 0 （ ） 〈眼疾〉右眼　　　　　　　　左眼 〈他の疾患〉 〈配慮事項〉

〈年間指導目標〉	〈指導を受ける他機関名　指導日, 回数〉 ○○　病院　　月1回

領域		１学期の目標	指導内容,配慮・援助	保護者から	評価・反省	今後の課題
心身の健康	行動動き	・滑り台やぶらんこを十分楽しむ	・校庭の固定遊具で遊ぶ。B公園の遊具でも楽しむ	・近所の公園でも慣れさせたい	・見守るだけでも楽しめるようになった	・アスレチック、回転塔も楽しめるようにしたい
	歩行動作	・B公園まで機嫌良く歩き通すことができる	・B公園への散歩（歌や声掛けで楽しく歩けるようにする）	・体力よりは気力がない	・自信がついた・体力も増したようである	・C公園まで歩けるとよい
	食事	・食べられる野菜の種類を増やす・箸の使用に慣れる	・味付けなどの違いできっかけを見つける・握り箸で食べ物をさして口に運ぶ	・芋と煮込んだ野菜しか食べない・箸を嫌う	・にんじんの甘煮を食べる・握り箸の使用に慣れた	・キャベツの千切りを味わう・皿を持って口に運ぶ
	排泄	・ペーパーの使用で向上を図る	・方法を細かく伝達する（少しずつ励ます）	・家でも教えたい	・ほぼ独力で始末ができる。焦らず見守りたい	・ペーパーのちぎり方の上達を図る
	着脱	・着替え時、最後まで自力で着ようとする	・大まかでも独力でやらせ、成就感を味合わせる（見守り誉める）	・依頼心が強く困っている	・できないことのみ訴えて、一人でやり遂げる	・ボタンやかぎホックができるように
	清潔	・石鹸できちんと手を洗う	・手の汚れを意識して洗い流せるようにする（袖口が濡れぬように）	・いつも介助していた	・手を洗う習慣はついた。水の出し方に要注意	・石鹸を面倒がらずに使用するように
人とのかかわり		・どの教師とも緊張せずに話をすることができる・友達を恐がらない	・担任教師と十分な信頼関係を築く・他の先生とも遊ぶ・動きの激しくない幼児とかかわりを楽しむ	・人見知りが強い・兄がいると元気に遊ぶ	・幼稚部の教師には緊張感を見せなくなる・Nといることは好む	・人への信頼感をさらに育みたい・Nとの交流を深める
自立活動に重点を置いた指導		・校内の部屋の位置関係を把握する・物の形に理解を深め、手先の巧緻性を向上させる	・校内散歩をし、玄関、職員室、給食室、トイレ等と保育室の位置関係を理解する（なじみの場所を増やしていく）・棒差し遊びや型はめ玩具で遊ぶ	・家の中の位置関係はすべて理解して自由に行動する・遊びは音の出る玩具	・廊下から行く方法では把握したようである・棒差しは音で楽しみ7本型もできる。型はめ遊具の選定が課題	・介助なしでも行けるようにしたい・粘土遊びで型抜きなども入れる

206

◆参考文献
文部省:『盲学校，聾学校及び養護学校学習指導要領解説　総則編』，海文堂出版，2000年
香川邦生編著:『視覚障害教育に携わる方のために』，慶應義塾大学出版会，1997年
前川喜平，三宅和夫編:「別冊　発達　8」『発達検査と発達援助』，ミネルヴァ書房，1988年
文部省:『特殊教育諸学校幼稚部教育指導書』，1990年
文部省:『幼稚園教育要領解説』，フレーベル館，1999年
文部省:『盲学校，聾学校及び養護学校幼稚部教育要領』，1999年
大川原潔編著:『養護・訓練の基本と展開』，第一法規，1990年

索　引

あ
合　図　170
アセスメント　108
遊　び　174,198
遊びの指導　174
新しい学力観　8
アレルギー　137

い
生きる力　4
医師等との連携　143
逸話記録法　61
医療関係者との連携　139
因果関係の理解　186
院内感染予防　137
インフォームド・コンセント　51

う
運動の随意性　150
運動誘発性発作　137

え
エンパワーメント　3,27
遠用弱視レンズ　84

お
応　答　170
オリエンテーション　79
音楽的活動　136
音声障害　145

か
書き言葉　92,100,101
各領域　199
学校設定教科・科目　7
家庭との連携　143,203

か
環境の把握　39,169
環境を通して行う教育　197
観察法　60,61
感染防止　137
かん黙　154

き
気管支喘息　136,138
聞く構え　99
器質的構音障害　150
吃　音　145
機能障害　3
機能水準　52
機能的構音障害　150
キャリオーバー　153
QOL　3,30
教育課程　49,170,200
教育課程編成上の特例　171
教育の目標　199
教師の役割　198
近用弱視レンズ　84

く
具体的な指導内容　43

け
形成的評価　124,139,143
健康管理　136
健康の保持　38,167
言語習得　88
検査法　60,62

こ
構音検査　96
構音指導　96
構音障害　145,150
口蓋化構音　151

高機能自閉症　156
行動観察法　166
行動描写法　61
交流教育　2
固　執　156
個人間差異　58
個人と環境との相互作用　32
個人内差異　58
個別の指導計画　7, 48, 57, 65, 73, 106, 124, 125, 132, 137, 138, 160, 191, 194
コミュニケーション　40, 88, 126, 145, 152, 170
コミュニケーション手段　88

さ

作業学習　107
サスセソ音の指導計画　97

し

視覚機能の評価　188
視覚障害　185
視覚情報の制限　185
時間見本法　62
自校通級　146
自己管理　136, 142
自己効力感　136
自己訂正力　152
自己評価　140
自然的観察法　61
舌出し法　152
実験的観察法　61
実態把握　52, 56, 64, 67, 74, 112, 117, 127, 158, 165, 176, 180, 188, 203
指導計画作成の手順　175
指導形態　121
指導サイクルの確立　65
指導時間　120
指導内容　75, 119, 129, 159
指導の評価　79
指導の見通しカード　129
指導の枠組みの設定　177
指導方法　78, 122

指導目標　50, 75, 159
指導目標準拠型検査　62, 167
自閉症　105, 107, 156, 158
社会参加　26
社会自立　27
弱　視　71, 83
弱視レンズ　83
集団基準準拠型検査　62, 167
重度・重複障害のある人の自立　28
主観的な評価の共有　115
受　信　170
準ずる教育　13
生涯学習　6
障害に基づく種々の困難　9, 14, 16, 24, 39, 71, 75
障害の構造　21
障害の重度・重複化　7, 116
情緒的な混乱　154
職業自立　27
食事場面　113
食餌療法　141
食器類の工夫や開発　113
自立活動に関する指導　45
自立活動の現状　72
自立活動の時間　17, 45, 77, 119
自立活動の内容　36, 119
自立活動の本質　9
自立生活　28
人生の質　30
身体の動き　40, 169
診断的評価　139
信頼関係　63
心理的ケア　204
心理的な安定　39, 64
心理的要因　154

す

随　伴　104

せ

正音率　152
生活規制　136

生活習慣　　136
生活単元学習　　174
生活様式　　136
前籍校との連携　　139
喘息体操　　137,138
喘息日記　　137
専門家との連携　　64

そ

総括的評価　　139
造形的活動　　136
総合所見　　190
総合的な学習の時間　　4,17,78
相互評価　　140
創作的活動　　136
相対評価　　34,167
尊厳ある個人のその人らしい自立　　30

た

体育・機能訓練　　10
体育的活動　　136
体調の変動　　139
帯養護・訓練　　94
ダウン症　　104,105
他校通級　　146
短期的な目標　　159
短所改善型指導　　59

ち

チェックリスト法　　62
チック　　154
知的障害　　104,185
知能検査　　190
聴覚的フィードバック　　150
長期的な目標　　159
長期目標及び短期目標　　53
長所活用型指導　　59
聴能訓練　　10
聴能評価　　66
重複障害　　19,28,165,170,185

つ

通級指導教室　　147
通級による指導　　71,146
通知表　　71
伝い歩き　　80

て

ディスアビリティ　　20,57

と

到達度評価　　167
トップダウン　　189

な

内容区分　　36
内容の多面性　　46

に

ニーズ　　70
日常生活の指導　　107,174
入院期間　　136
認知的枠組み　　185

の

ノーマライゼーション　　1,23

は

白杖　　80
発音指導　　91,98
発音明瞭度　　98
発信　　170
発声・発語器官　　150
発達検査　　166,190
発達検査法　　166
発達順序類似仮説　　59
発達段階　　117,185
発達段階型　　189
発話意欲　　152
話し言葉　　92,100
場面かん黙　　155
バリアフリー　　1

ひ

ピークフロー　137, 138
評価の観点　87, 98, 103, 115, 130, 139,
　143, 152, 163, 184
病気の多様化　136
標準検査　62
評定尺度法　62

ふ

不安の軽減　136
腹式呼吸　138
不登校　155

ほ

方向の取り方　80
訪問教育　167, 173
歩行訓練　10
歩行地図　81
保護者のコンセンサス　51
ボトムアップ　189

ま

慢性疾患　136, 140
マンツー・エンバイロメント　9
マンツーマン　9

み

三つの助　2

め

面接法　60, 63, 166

も

目標指向型　189
目標準拠　53
モビリティ　79
問題行動　108, 109, 111

ゆ

ユニバーサルモデル　22

よ

養護・訓練　7, 8, 10
養護・体育　10
幼児期の特性　196
幼稚園教育要領　199
予測・確かめの技能　76
四つの障壁　2
読みの構え　99
読みの指導　88

ら

ラポート　63

り

領域・教科を合わせた指導　105, 107

わ

わたりの指導　100, 101

自立活動の指導
——新しい障害児教育への取り組み——

2000年11月3日　初版第1刷発行
2015年1月15日　初版第10刷発行

編　者　香川邦生
　　　　藤田和弘
発行者　小林一光
発行所　教育出版株式会社
　〒101-0051 東京都千代田区神田神保町2-10
　電話 03-3238-6965　　振替 00190-1-107340

ⓒK. Kagawa 2000　　　　　印刷　三美印刷
Printed in Japan　　　　　　製本　上島製本
落丁・乱丁本はお取替えいたします。

ISBN978-4-316-33880-4　C3037